探究演習教授法
読み書き・対話・物語

森栗茂一
Morikuri Shigekazu

神戸学院大学出版会

はじめに

　高等学校指導要領では「探究の時間」が設定され、大学入試を前提とした知識主導の授業のなかで、先生方の苦労、悲鳴が聞こえる。大学初期教育でも、入門ゼミの指導で先生方の模索が続いている。教諭、教授は、個々の学問の指導は受けてきたであろうが、改めて探究といわれても、自己の限られた経験、ときに大昔の経験に頼って、授業を模索しておられるものと思われる。

　しかし、中堅私学の学部後期（3、4年生）を指導してみると、基本的な本の探し方、読み方、データの提示方法など、基礎的事項が前期（1、2年生）や高校で訓練を受けていない学生に出くわすことが少なくない。いやいや、学術論文の査読をしていても、大学院生、ときに若手教員にも、論文の基礎的書き方が身についていない人も少なくない。

　論文の書き方は、分野によって異なるが、資料の集め方、整理の仕方、論理の組み立て、表現法は大同小異である。ここでは私の専門である、歴史民俗学、まちづくりなどから、その基礎的事項を示す。

　本書は、高校の探究授業、大学の基礎ゼミのための教科書、または教員の参考書として活用いただけるようにまとめた。

　私自身も、大阪大学で寄付講座を開き工学の先生を特任教授にお迎えしたとき、その先生から「森栗先生は論文の書き方をご存じない」と言われ、戸田山和久『論文の教室：レポートから卒論まで』を渡されたことがある。58歳の時であった。工学と文系では書き方が異なるのだから、ずいぶん失礼な物言いをされたが、素直に『論文の教室』を読んでみた。著者は哲学専攻の方であったが、異なる分野、異なる視点から、探究や表現の方法を学ぶことは、大変、役に立った。

　本書を手にとる先生方、学生のみなさんには、異なる専攻の方もおられると思われる。対話・物語ということで、まちづくり、ビジネスの方も読

んでいただいているかもしれない。異なる分野での調べ方、表現法、対話法・物語を学ぶことは、得るものが多いかもしれません。

　本書では、多様な視点という意味で、文理融合的な専門をお持ちの同僚の先生方に、コラムを執筆いただいた。コラム執筆者は、鈴木遥（地域環境学）、新居田久美子（社会心理学）、福島あずさ（気象学）の各先生方である。

『探究演習教授法……読み書き・対話・物語』

目　次

第Ⅳ部 物　語

第Ⅰ部

読み、書き、フィールド

1）宮本常一を読む

　宮本常一は、日本全国をくまなく歩き、暮らしを見つめ、地域で話し合い、地域づくりのための民俗学を実践した人で、「歩く巨人」といわれた [1]。銀行制度を作った渋沢栄一の孫である渋沢敬三（戦後まもない頃の大蔵大臣）が、国の経済を考えるには人々の暮らしを知らねばならないと考え、大阪府で小学校の教員をしていた宮本をスカウトして屋敷の屋根裏部屋（アチック・ミューゼアム、後の常民文化研究所）に起居させ、支援し、全国を歩かせた。宮本は山口県周防大島の出身で、瀬戸内海の研究をライフワークとした。ここでは、宮本常一『宮本常一著作集第3巻』[2] をもとに、海の生活史に関するレポートを課す。

　高校までの日本の教育は、受験を意識して、読んでおもしろがることより、正解を求めて覚えることに関心をよせる傾向にある。だから、大学生も、正確に読もう、全部読もうとする。しかし、「これを知る者はこれを好む者に如かず　これを好む者はこれを楽しむ者に如かず [3]」と孔子も言っている。

　そこで、以下の指示を授業ブログ「神戸学院大学臨床歴史学研究室」で、学生に出した。

● 授業ブログ1　本の読み方

(1) 全部読む必要はありません。前から本を読む必要はありません。おもしろい所、興味深い所を、読み飛ばせ。とはいえ、一気に全部読んでもかまわない。

(2) 中身を憶える必要はありません。読みすすむなかで、気になったところに細い付箋（ポストイット）を貼りましょう。

(3) ひととおり読んだら、付箋の個所をもう一度読み直しする。そして、

価値づけしましょう。

×…改めて読んでみて、それほどおもしろみを感じない箇所は付箋をソッと外してください。なかには「なんで興味をもったのか、訳がわからない」ものもあります。付箋を外して「なかったこと」にしましょう。

▽…迷ったら、そのまま付箋を残しておきましょう。自分の本なら、一年後に読むと「なるほど」と再発見できる可能性があります。図書館で借りた本は返さねばなりません。大切な本、おもしろい本は、手元に置いておきたいものです。改めて、なんとなく気になった付箋箇所が、一年後に「なるほど」と思えるなら、あなたの思考が成長したか知識の幅が広がったのです。

○…改めて「なるほど」「大切だ」、または「異論があるなあ」と思った箇所を、ワードファイルに書き写しましょう。件名は、「2021 1008 海人、藻塩」のように「日付、キーワード」で書きます。後で気になったときに検索できるようにするためです。異論は赤字で、区別して書きわけましょう

上記の作業成果の簡単な見本を、ワードファイルに、以下のように示した。

2021 1008 海人　藻塩
古代、海に関わる海人一族がおり、その最も重要な役割が、藻塩焼く（海藻に塩をつけて濃い塩水にする）であった。
（宮本 1967、p.213）

2021 1008 海賊　家船
秀吉時代以降、村上氏は毛利方についたので、海人である海賊の島は広島県になった。だから、家船は広島県側に定着した。
（宮本 1967、p.218）

2021 1008 塩田　家船
彼らは、塩田適地を求めて、漂泊する家船で居住した。
（宮本 1967、p.217）

2021 1008 海人　漁業権
海人は大名の軍船となり、漁業権を保証された。
（宮本 1967、p.224）

　このカード（ワードファイル）を使って、短いレポートを見本として、授業ブログに示した。

海人の生活史1
　海女といえば、観光地で潜って鮑をとる人と思っていたが、違う。古代、海に関わる海人（あま）一族がおり、その最も重要な役割が、藻塩焼く（海藻に塩をつけて濃い塩水にする）であった（宮本1967、p.213）。彼らは、塩田適地を求めて、漂泊する家船で居住した（宮本1967、p.217）。秀吉時代以降、村上氏は毛利方についたので、海人である海賊の島は広島県になった。だから、家船は広島県側に定着した（宮本1967、p.218）。海人は大名の軍船となり、漁業権を保証された（宮本1967、p.224）。瀬戸内の島の人々の生活と仕事から歴史がわかった。（約285字）
　参考文献：『宮本常一著作集第3巻』未来社、1967年。

　短くても、
①問いがたてられている…観光地の海女とは異なる海人族の歴史とは何か？
②筋が通っている
③引用が明確である
④わかったことが、結論として明示されている…海人の生業からその歴史がわかる
ならOKである。問い、筋、引用、結論が明確なレポートは意味を持つ。データにもとづかない、感想、思いのみが先行する意見は、誰にでもわかる形になっていないので、レポート・学術には不適である。
　次に、複数の文献を使った、もう少し分析的なレポートを以下に示す。

● 授業ブログ3　海人の生活史2

　海女といえば、観光地で潜って鮑をとる人と思っていたが、違う。古代、海に関わる海人一族（女だけが潜るとは限らない）がおり、朝鮮半島南部から北九州の宗像（むなかた）大社、瀬戸内海を移動した（宮本1981、p.p.297-324）。

　海人の最も重要な役割が、藻塩焼く（海藻に塩をつけて濃い塩水にする）
であった（宮本1967、p.213）。彼らは、塩田適地を求めて、漂泊する家船
で居住した（宮本1967、p.217）。一方、海賊をしていたのは村上氏だが、
秀吉時代以降、村上氏も海人（小早川氏配下）も、毛利方についたので、
海人や海賊の島々は広島県になった。だから、家船は広島県側に定着した
（宮本1967、p.218）（宮本1981、p.p.297-324）。海賊や海人は大名の軍船
となり、漁業権を保証された（宮本1967、p.224）。このように、政治史だ
けではなく、瀬戸内の島の人々の生活と仕事からも歴史がわかることに興
味をおぼえた。
　参考文献：宮本常一「漁民の歴史」『宮本常一著作集第3巻』未来社、
1967年、p.p.210-254
　宮本常一「瀬戸内海文化の形成」『日本文化の形成　講義2』そしえて、
1981年、p.p.297-324

　このように書くと、誰でもわかりやすい論拠にもとづいた社会的共有
知性のあるレポート（学術的なレポート）が書ける。これは能力ではな
くて、慣れ、トレーニングで身につく。

2）網野善彦を読む

図1　『古文書返却の旅』と付箋

　次に、宮本常一や民俗学以外の海
の文化の本を使って、レポート課題を
出す。網野善彦は中世史家であるが、
若い頃、渋沢敬三の指示で宮本常一
と一緒に、漁村の古文書を集めてい
た（水産庁事業）。その経緯を書いた
本が網野善彦『古文書返却の旅』[4]で
ある。この本を読んで、付箋をつけ、
表1のような、一覧を作った。

表1 『古文書返却の旅』まとめ

頁	キーワード	内　容
まえがき	失敗史	渋沢敬三「失敗史は書けぬものか」『渋沢敬三著作集』第3巻、平凡社、1992年、p.48
4-9	月島分室 宇野脩平 若狭 未返却	1949年秋　水産庁学東海区水産研究所…漁業制度内実を明確化 宇野脩平がソ連のアルヒーフ（文書館）をモデルに 網野@東京大学・左翼（アルバイト）、宮本常一、阿部善雄@東京大学らが、古文書を借用（佐渡、若狭、紀伊、常陸、下総） 1954年　破綻が見える＋委託予算打ち切り⇒1955年発　水産庁資料館に収蔵（文部省資料館[戸越]に併設:保管庫（月島史料、祭魚洞文庫[渋沢敬三が収集した漁村古文書]）、筆写本[原稿用紙30万枚]） 1956年　網野善彦夫妻失業、都立北園高校非常勤講師、後教諭 1953年　京都大学小葉田淳が若狭田鳥秦家文書不明を問い合わせ 網野が1950年「水産庁」として借用、ママ保管庫⇒宇野@東京女子大講堂（宇野の再就職先）倉庫のリンゴ箱からは発見できず
11-12	宇野の遺言 真鍋島 宮本返却漏れ	1969年　宇野脩平死去。東京女子大保管資料　真鍋島真鍋家文書を全国真鍋会が引き取り。　茨城県関係⇒県史編纂室へ 宮本常一保管（武蔵野美術大学）＋その他借りっぱなし文書 ⇒渋沢設立の日本常民文化研究所（マンションの一室）へ 1975年　紀州一宮日前国懸神社（紀氏所蔵中世文書）返却。 なお東京女子大に残る。 ⇒和歌山県史編纂室から罵倒される。他全国から問い合わせ多数。
14	日本常民文化研究所	1982年　㈶日本常民文化研究所解散。神奈川大学内に日本常民文化研究所文書を移管（網野が名古屋大学より神奈川大学に転勤） ⇒1993年　神奈川大学大学院歴史民俗資料研究科
20-21	対馬、寄合	1950年宗家文書（1688-1854年）「海魚記録」「御浦方記録」「御手鯨組記録」を貸し出したとき、村寄り合いで決定した。
37-39	霞ヶ浦 北浦 海部	入会の浦　毎年10月20日の寄合、網の時期、濫獲防止、漁具・漁法制限⇒法度確認。霞ヶ浦四十八津、北浦四十四ヶ津:海部注文（香取大禰宜文書　応永[1373][水上生活者?]）
53	二神島・由利島、清銭	宮本常一の借用（『私の日本地図』4）　網野返却の旅　➡文書を新たに預かり＋宋銭、明銭、元銭、寛永通宝、清銭の所蔵示唆
76	能登 九学会調査	1952年　渋沢敬三主導　九学会連合総合調査 「能登に文書がないのは上杉謙信と日本常民文化研究所が持って行ったからだ」といわれた（1952年　宮本常一借用）
90-94	都市 水呑、百姓 廻船	能登を配流・辺境（中世領主↔農奴と考えるの）は思込。上時国家は大船所有、松前で昆布仕入れ、京・大津・大坂で販売。鉛山、鮭漁（町野川）、金融も経営。船頭独断商売も可。損失担保として子を下人差出。 輪島は頭振438軒／総621軒。頭振（水呑）＝土地を持つ必要のない廻船人・商人　⇒百姓（諸職）……都市空間としての能登
98-99		下時国家　雑賀屋　上時国家　北蝦夷地（サハリン）に及ぶ

頁	キーワード	内容
106-109 111-113	阪神大震災 紀州	1950年 紀州文書調査 30軒借用／週。小山家文書 『紀伊続風土記』（江戸後期）に南朝文書所蔵とある➡しかし、中世文書なし 放置。小山家（伏見）に返却時「帝国大学史料編纂委員長 重野安繹（しげのやすつぐ）」M21（1888）借用M24返却の名刺、『紀伊国続風土記』にかかれた文書を改めて預かり撮影し返却。⇒小山家（芦屋）1995年阪神大震災被災・消失、死亡⇒歴史資料ネットワーク（奥村弘＠神戸大学が文書救出）。小山は南朝の新宮上綱（水軍）城山に本拠：遠見番所
134	文書持ち帰り 熱海 松浦	神奈川大学にも返却依頼、butない⇒東大史料編纂室目録索引部部長・月島分室外部調査員阿部善雄がときどき持ち帰る➡1986年死去：独身下宿から段ボール10箱の不明文書。1988年、定年後に阿部（熱海市史、伊東市史に関わる）が勤務した立正大学から、熱海関係の文書・洋服箱一杯分持ち込まれる。 　研究所として阿部名義で借りた平戸・松浦文書の返却・寄託・寄贈手続。再度、調べると、「1935年付　東京帝国大学史料編纂所長辻善之助借用礼状」が入っていた。
152	佐渡 坂迎 寄合	1950年佐渡　姫津浦（石見から移住）に佐渡漁業自由特権の鑑札。帖箱は年寄衆全員の立会がないと開けられない。戸地に返却に行くと、年寄衆が羽織袴裃で坂迎し、寄合で「水産庁から、いかがしたものか」、衆議一決。
156	若狭巾着網 刀禰 京都大学 小葉田淳	田島巾着網　多烏浦：八人衆　汲部つるべ浦：十四人衆　長百姓が漁業権を輪番交替で使用。中世の刀禰（秦家）の北条氏三つ鱗の紋、関渡津泊通行自由の旗章と近世文書を借りる。 1953-55年　京都大学小葉田淳地歴共同調査『若狭漁村史料』月島分室⇒東京女大講堂倉庫（宇野在席） 1956年　網野＠北園高　秦氏から文書返還請求（網野名で借用） 1967年　水産庁返却予算化 東京女子大リンゴ箱⇒水産庁で点検。「紀州」札の箱から若狭史料を発見。 ➡小浜市史編纂室に貸出『諸家文書編3』1981年 ➡小葉田編『福井県史資料編9』1990年（小葉田が網野に担当依頼）
170-172	真鍋島 借用 未刊 史料補修	1950年借用⇒『備中真鍋島史料』1・2・8巻のみ（1955年）　一部返却⇒宇野東京女子大へ　1969年死去　ほぼ全部返却 but宇野が一部自宅に持ち帰った史料➡虫食いで発見 全国真鍋会から問い合わせ➡1982年　岡山県史編纂室と連携補修⇒補修技術を開発➡神奈川大学歴史民俗資料保存科に発展
186-189	文書移管 月島分室 水産庁資料館 常民文化研究所	月島分室への寄贈文書『祭魚洞文庫』（渋沢敬三収集） ➡1956年戸越水産庁資料館で死蔵　役人3人 ➡1974-1978年　日本常民研究所（三田マンション）　水産庁が委託費を計上　しかし、寄贈文献に借用文献が混じり、混乱あり 1989年　中央水産研究所分室に集め（北園高校卒業生が水産庁職員をしていた） 1992年　神奈川大学常民文化研究所に委託管理 1999年網野「霞ケ浦の湖の民たち」講演時　玉造家子孫「水産庁寄贈書網野署名捺印」を示し現状確認依頼➡新史料の提供

これをもとに、14のワードファイルをつくり[5]（図2）、構造化してフォルダーに分類した（表2）。

図2　網野善彦『古文書返却の旅』フォルダーとファイル

表2　網野善彦『古文書返却の旅』フォルダー内を5小フォルダーに構造化

中公新書『古文書返却の旅』フォルダー	1 水産庁漁村文書調査の経緯フォルダー	200717月島分室　宇野脩平　若狭未返却	
		200718文書移管　月島分室　水産庁資料館　常民文化研究所	
	2 古文書未返却フォルダー	九学会連合調査フォルダー	200717能登 九学会調査 水呑 農奴
			200718若狭　刀禰　巾着網
			九学会調査　京大小葉田淳教授
		200717宇野脩平の遺言　真鍋島　返却	
		200717霞ヶ浦・北浦　海部	
		200717阪神大震災　紀州中世文書	
	3 民俗・海賊の世界フォルダー	200717対馬　寄り合い	
		200717二神島・由利島　古銭・中国通貨	
		200718佐渡　坂迎　寄合	
	4 古文書持ち帰りと劣化フォルダー	200717文書持ち帰り事件　熱海　松浦	
		200718真鍋島　借用未刊　史料補修	
	古文書返却の経緯と総括	200717失敗史	
		古文書返却の旅まとめ	

　このように整理しておくと、いろんなレポートが書ける。個人的なことだが、森栗がこの本を読んで気づいたことを、見本レポートにまとめ、授業ブログに表示した。

● 授業ブログ４　見本レポート「アミノさんはいらん」

220220731 脇田晴子先生の怒り「アミノさんはいらん」

森栗茂一（神院大教授）

　1990年、大阪外国語大学大学院に日本語学科を作るにあたって、日本文化学講座を開設することになった。日本文化学講座の教授には、日本女性史の創始者である脇田晴子鳴門教育大学教授（当時：2010年、文化勲章受章）が招かれた。教授が歴史学なら、助教授は民俗学の若手ということで、『河原町の民俗地理論』（弘文堂、1990年）を執筆した35歳の若手（当時）で高校教員を経た森栗が抜擢された。

　余談になるが、森栗は高校教員時代、実証主義の歴史研究会を破門され、学問をやめようと思った時期がある。高校教師時代だったろうか、歴史研究会を追い出された窮状で、網野善彦『日本中世の民衆像』（岩波新書、1980年）にとびつき「都市の形成史における非日常的空間」（『生活文化史』第4号、1984年）を書いた。実証は不十分でも、神戸下町に生きてきた自分の生活感覚として、旧時代の盛り場である新開地について、網野の「都市成立の場としての河原」論を引用して論じた。これに目を通してくれた網野先生から、速達ハガキが届いた。「あなたの研究は大切だ。研究を断念してはいけない」という励ましが書いてあった（後に、博士論文『河原町の歴史と都市民俗学』[明石書店、2003年] にまとめ、今和次郎賞受賞）。

　そんな経緯があったので、歴史学の脇田先生と初対面したとき、「網野先生にもご指導を得ています」と森栗は述べた。ところが、脇田先生から「アミノ酸（網野さん）はいらん」と、ものすごい剣幕で叱られた。実証史学の立場からすれば、文献実証の枠を超えた「自由や平等、職人概念」を語るベストセラー研究者が許せないのかと理解し、「網野先生とは特段の関わりはございません」と、たじたじで言い訳した。

　ところが、神戸学院で授業のために『古文書返却の旅』を読んで、脇田の怒りに歴史学研究史として意味があることを、30年ぶりに再発見した。

　（以下、概要引用）1949年秋、漁業制度内実を明らかにするため、水産庁東海区水産研究所（月島分室）が設立され、漁業古文書を集めた。当

時、東京大学大学院生だった網野は宮本常一（渋沢敬三紹介）らと、佐渡、若狭、紀伊、常陸、下総他に、古文書を借用に出かけていた。

　ところが1954年、委託予算が打ち切りとなった。1955年、借りた資料〔月島分館史料、祭魚洞文庫（渋沢寄託）、筆写本（原稿用紙30万枚）〕はそのまま、文部省資料館（戸越）にお蔵入りとなり、アルバイトをしていた網野善彦夫妻は失業する。網野は、1956年都立北園高校非常勤講師、後、教諭となる。一方、1953-55年、京都大学小葉田淳研究室では地歴共同調査を実施し、若狭田烏（福井県）の秦家文書の調査が行われた。かくて1956年、不明文書の問い合わせが網野（当時、都立北園高校教諭）のもとに来た。1950年、水産庁研究員として網野が借用したままになっていたからだ。そこで、網野は月島分室設立者の宇野脩平が勤務していた東京女子大講堂倉庫に一部分離保管されていたリンゴ箱を調べたが、発見できなかった（網野1999、4-9頁）。

　若狭田烏文書には、巾着網や、多烏浦の八人衆、汲部つるべ浦の十四人衆など、長百姓が漁業権を輪番交替で使用していたことなどが描かれている。中世の刀禰である秦家は、北条氏三つ鱗の紋を持ち、「関渡津泊通行自由の旗章」を持っていた。1953-55年、京都大学小葉田研究室は、経済史調査として若狭を訪れたが、求める文書が借りっぱなしになっていた。1967年、水産庁は残された古文書の返却を予算化し水産庁で点検したところ、東京女子大の「紀州」札のリンゴ箱から行方不明の『若狭漁業史料』が発見された。（概要、終わり）

　この文書は小浜市史編纂室に返却され『小浜市史　諸家文書編3』（1981年）に収録された。また、小葉田淳編『福井県史資料編9』に網野の編集で掲載され1990年に刊行された。小葉田は水産庁の不作法を許し、網野を福井県史編纂に加えた。網野は小葉田に感謝している（網野1999、156頁）。

　脇田は、1963年　京都大学大学院文学研究科博士課程単位取得退学しており、商工業論、都市論等から、女性史、芸能史に及ぶ中世史家である。網野善彦の中世非農業民が天皇直属であったという説に反対し、遊女の地位をめぐって論争している。が、論理的対立だけではなく、1956年、網野が（実は水産庁だが）借用文書を未返却で行方不明にしていたこと、国の

不誠実が、そのまま脇田の東大批判、網野批判に通奏していたとは、1990
年当時、新進研究者として脇田の隣に研究室を構えた森栗はまったく知ら
なかった。脇田の怒りの裏に、このような歴史学研究史上の事故があった
ことを、30年を経て、神戸学院で本書を授業の教科書にしてはじめて気
づいたのである。

　参考文献：網野善彦『古文書返却の旅』中公新書、1999年。

　この見本レポートを自己評価する。
　①問い：脇田晴子先生は、なぜ網野善彦先生に激怒したのか？
　②筋：京大問い合わせ・水産庁古文書未返却・行方不明事件が、脇田
　　　先生の心底に、東大・網野不信を植え付けていた。
　③引用が明確である。
　④わかったことが、結論として明示されている（脇田先生叱責事故の
　　　歴史学研究史的な原因が、本書を読んで理解できた）。
　というように、記述している。

とはいえ、特異なレポートで、見本としてはあまりよくない。しかし、
そこも教員の個性、学問経験事例として、学生には許していただいてい
る。

　論文やレポートを書くということは、自分の考えをより一般化させ、論理的に説得、または共感を引き出そうとする行為である。そのためには、自己の主張、経験を長々と述べるよりは、自分の主張、経験を論理的に補強しそうな基本文献を探し出し、それを根拠により確からしく、論理立てて述べる方が、説得力、共感可能性が高まる。

　現代はネットのなかに無数の知識がある時代であり、知っていることより、論理的に語る、論理的に書く能力こそ、個別の資格・技能と同程度以上に役にたつ。そう考えて、人文学部の授業をしている。

　ところが本を選べない学生がいる。学力が低いわけでも、やりたいテーマがないわけでもない。しかし、「卒論執筆のための問題設定の基本になる文献を一冊探そう」とゼミで課題を出しても、本を選べない学生がいる。

　プロの漫才師を目指して活動している有能な A がいた。笑いを研究したいと「笑い学会」の本をみつけて読んでみたが、社会学・心理学の笑い分析は、本人の思いとは異なるという。聞いてみると、TV の M 1 グランプリの芸の展開、バリエーションをみたいという。ゼミの場で一緒に J-Stage や Google scalar で、「M 1」を検索し次の文献を探し出した。図書 2 冊は、神戸学院大学図書館に所蔵されていた。

ラサール石井『笑いの現場：ひょうきん族前夜から M-1 まで』角川書店、
　　2008 年

唐澤和也『マイク一本、一千万：「M-1 グランプリ 2003」』ぴあ、2004 年

M1 グランプリの歴史 [前・後編] https://rljpn.com/history-of-m1-grand-
　　prix-2001-2010

ラリー遠田「「M-1 グランプリ 」がここまで別格を保つ理由」
　　『東洋経済 on-line』2017/12/2　https://toyokeizai.net/articles/-
　　/202609?page=22022/10/1

　来週までに、これらを読んで面白いところを報告するよう指示した。ところがである。次週のゼミで尋ねてみると、「自分の思っていることが書いていない」と、うかぬ顔をしている。

　現代の学生は、ひたすら正解を求められ、自分の問にぴったりの正解が書いてある本を探そうとするのだ。そこで、次のような指示を出した。

「自分の思いから一歩下がり、本と自分が思うこととの接点、参考になる部分を、次のゼミまでに探してくるよう」。そして付け加えた。「著者の記述をとうといと考え、学ぶ点を探してはどうか。芸人も俺が俺がと芸をみせつけても観客は引く。観客を信頼し、その関心・興味によりそわないとプロにはならないのではないか」と。

　すると、A君はちょっと納得したような顔で「やってみます」と素直な顔で返事してくれた。3週目のゼミに期待しよう。

　一方で、本を使えない、使おうとしないレポートに出くわすこともある。

　B君は真面目な学生である。働きながら月曜1時間目の授業に出てきてくれる。頑張ってほしい。そのB君が真面目で奇妙なレポートを提出した。「異装に関する本を1冊選び読んで、興味深い個所を、引用を付してレポートせよ」という課題である。

　一冊の本で、異装に関する部分を引用してきた。そこは良いのだが、その引用とは関係なしに、自分や漫画の異装経験、変身願望など、延々と長々とレポートしてきた。B君には「本の記述をとっかかりに、ひとり語りをしても、それはレポートにならない」と伝え、本の記述に敬意と親しみをもち、その上で自分の経験を一般化して論じることを指導した。

　宮本常一という日本中を歩き、歩く巨人といわれたフィールドワーカーがいる。宮本の調査法は、質問項目を持って、尋問する民俗調査（これを人文学ならぬ尋問学という）ではなく、地域の暮らし、地域の文化に対して、「とおとい」と思う心「したしい」と見る目をもって臨んだという。対象の村、インフォーマントを「とおとい」「したしい」と感じることが、調査の基本であり、文章記述の基本なのであろう。

　ひょっとすると、私たちが本というフィールドを前にしたときも、著者の記述を「とおとい」と感じ、何か「したしい」と思い、得るものを探し出す姿勢が大切なのかもしれない。自己の経験に引きつけて「なるほど」「そうそう」と読み込めば、参考になる文献を探したり、興味深い箇所に付箋をつけるのは、それほど難しいことではなくなるし、文献から得る発見も、もっと多くなるのかもしれない。

鈴木：何かについて知りたいと思って本を手にしても、その本がどう答えてくれるのか不安です。読むのに時間がかかるし、読んでいても意味がわからない。『民俗学の旅』（本書 p.48）は、これから社会や地域について学ぼうとする人には、わかりやすい。本を読みながら気になった箇所に付箋をし、それをワードファイルに書き写す時、私は、その時に自分が感じたことも一緒に書き留めるようにしています。このワードファイルは誰に見せるというものでもないので、素直にその時に感じたことを書くようにしています。それらのコメントは、本を読む作業を進める中で解決するものも多いです。しかし、中には全く解決せず、ずっと残ったままのコメントもあります。そのままになってしまうものもあるのですが、何かの拍子に、他の情報とつながって答えが再発見されたり、自分の考えの芽となることもありました。本の中の気になった箇所を書き写す作業は、自分の考えたことを記録するということとも言えるのではないかと思います。

森栗：そうですね。書くという作業が、思考を深めるのでしょう。ただ、写した箇所は黒字でも、自分の思考メモは、赤字にして、区別しておいたほうが良いでしょう。

鈴木：脇田先生と網野先生に関する森栗先生のレポートは、ちょっと学術の裏側を覗き見させていただいたような気持ちになりました（笑）。本が時空間を超えて、森栗先生と脇田先生と網野先生の関係をつないでいますよね。

森栗：でも、誰も関心を持っていないのに、短い文章で読み手を私事に引き込む記述は難しい。この例文が、成功したかどうかは自信がありません。ただ、脇田先生、網野先生という有名人を登場させると、関心をもってもらえるかという、あざとい算段（？）が私のなかにある（笑）。

鈴木：あっ、それで先生の ZOOM 画像は「たぬき」キャラなんですね！

2. オンラインデータを集める

1）いろんなオンラインデータ

　現代の論文・レポートでは、オンラインデータは避けてとおれない。それだけに、オンラインデータの種類、検索の仕方のみならず、確からしさなど、リテラシーを高めておくことは重要である。以下、授業では神戸学院大学図書館にあるおもなオンラインデータベースを紹介した（番号は図書館のオンラインデータベース番号）。

　神戸学院大学図書館の場合、利用者 ID とパスワードがあれば、図書館でも、学外からでも利用できるオンラインデータベースと契約している。ただし、同時 2 名など（ジャパンナレッジなど）提供元との契約上の制限があるものもある。探究地歴地域研究に使えそうなサイトは以下のとおりである。

① 聞蔵Ⅱビジュアル

　朝日新聞社が提供するデータベース。1945（昭和 20）年からの新聞縮刷版約 700 冊分、約 800 万件以上の記事を収録した新聞記事オンラインデータベース。2010（平成 22）年 4 月から明治・大正と昭和（戦前）の紙面データベースが加わった。これにより、創刊（1879 年）以降の 130 年分のすべての記事（一部期間は広告も）を検索・閲覧できるようになった。1879（明治 12）年創刊から 1989（昭和 64）年までの 110 年分の号外紙面も閲覧できる。

　朝日新聞索引を使った優れた論文として、中尾聡史「新聞報道にみる明治から戦前における子どもの交通に関する歴史的変遷」（『実践政策学』5-2、2019 年）を紹介する（p.26）。工学でもこのような新聞を使った分析をすることもある。

④ 日経 BP 記事検索サービス

日経 BP 社が発行した雑誌記事のデータベース

⑤ CiNii（NII 論文情報ナビゲータ）

　国立情報学研究所が提供する学術コンテンツ・ポータルサイト　日本の学術論文情報を総合的に検索することができる。一部は抄録や本文、引用文献情報が利用できる。新聞や書籍も含め、より幅広く学術情報を検索したければ、Google scalar も便利である。

⑦ Webcat Plus

　国立情報学研究所が提供する学術コンテンツ・ポータルサイト。目次・内容・所蔵図書館情報などを含む、広範囲な図書や雑誌の情報である。キーワードや文章から関連する図書を連想的に検索することができる。

⑧ NII-DBR（学術研究データベース・リポジトリ）

　国立情報学研究所が提供する学術コンテンツ・ポータルサイト　国内の研究者等が作成している専門的なデータベースを集約・公開している。なかでも国立歴史民俗博物館学術情報リポジトリ、国立民族学博物館レポジトリは、地歴・社会を研究するには、トップレベルの論文データベースである。

⑨ Japan Knowledge Lib【ジャパンナレッジ Lib】

　百科事典をはじめとする、日本有数の辞書・事典を中心に構築された最大・最高の知識データベースである。40 種以上の辞書、事典、叢書、雑誌、マルチメディアコンテンツを収録。『日本国政図絵』、『日本古典文学全集』、『江戸名所図会』、古事類苑（歴史的な百科事典）、東洋文庫などが検索できる。個人的には、『日本史 キリシタン伝来のころ』（ルイス・フロイス著、全 5 巻）、『日本霊異記』、『和漢三才図絵』（全 14 巻）、『菅江真澄遊覧記』（全 5 巻）、『南島雑話　幕末奄美民俗誌（全 2 巻）』（名越左源太）、『明治大正史世相篇』（柳田國男）、『大日本産業事蹟 1、2』、『増訂　工芸志料』、『流行性感冒　「スペイン風邪」大流行の記録』（内務省衛生局編）、『日本疾病史』（富士川游）、『日本奥地紀行』（イザベラバード）、

『南嶋探験 1、2』（笹森儀助）、『風土記』など興味深い資料がデジタルで入手でき、語彙検索できるのはうれしい。

　とくに『平凡社日本歴史地名大系』オンライン版は、全巻が一括検索できるので、各県ごとに取り出して調べる必要がないので便利だ。これはオプション契約となっており、神戸学院大学図書館では検索できない。ただ、『平凡社日本歴史地名大系』の地名検索ができる公共図書館もある。

⑫ 雑誌記事索引データベース

　明治から現在まで 総合雑誌から地方誌まで記事検索可能。国立国会図書館（NDL）の「雑誌記事索引（1948 年以降現在まで 収録する邦文雑誌記事のデータベース）」を補うため過去における雑誌記事索引類を集大成して『明治・大正・昭和前期 雑誌記事索引集成』を刊行し、これを基に作成されたデータベースである。

　社会動態を分析するためには週刊誌に関するデータベースが重要であるが、大宅壮一文庫に詳しい。『大宅壮一文庫雑誌記事索引総目録』には 1988-1995 年の記事目録が掲載されている。費用が発生するが、コピーを取り寄せることもできる。記事検索は WEB でもできるが、神戸学院大学は契約していない。兵庫県の公立図書館でも契約していない。大阪市立中央図書館、大阪府立中央図書館、堺市立中央図書館では検索可能である。

⑳ ヨミダス歴史館

　読売新聞社が提供するデータベースである。明治の新聞も現在の言葉で検索、当時のまま閲覧でる。地域版のうち、マイクロフィルムの形態で残っている 1933（昭和 8）年以降の 276 万ページを電子画像としてデータ化し追加されている。町の歩みを知る第一級の資料になる。全国各地の地域版（沖縄を除く）が読めるのも魅力である。

㉑ J-stage

　独立行政法人科学技術振興機構が提供する科学技術情報発信・流通総

23

合システム。日本国内の科学技術情報関係の電子ジャーナル発行を支援するシステムである。 J-stage が JST リンクセンターと連携することにより、J-stage 上で公開されている論文は、hemPort、PubMed、CrossRef を経由し、海外の様々な電子ジャーナルサイト上の論文と相互にリンクされている。

㉘ SocINDEX with Full Text

社会学分野研究において有益な情報を提供する、フルテキスト・データベース。動画・写真もある。1908 年以降に出版された 870 誌以上の雑誌の全文情報を収録。また、830 誌の書籍やモノグラフ、1 万 6800 件におよぶ会議録の全文情報も併せて収録している。2 万語以上からなる社会学分野のシソーラスを搭載しているほか、インデックス情報から詳細な抄録、サブジェクト見出し、検索可能な引用文献情報、および全文情報を提供している。

㉜ 20 世紀メディア情報 データベース

20 世紀メディア情報データベース 占領期の雑誌・新聞情報 1945–1949 占領期の雑誌・新聞情報 1945–1949 連合軍の検閲で集められた膨大な資料群。百科繚乱の如く解き放たれた真に戦後のスタートを飾る資料。

㉟ 手塚治虫マンガデジタルライブラリー

日本語 400 巻、中国語 166 巻、英語 62 巻におよぶ膨大な漫画ライブラリー

手塚治虫は生涯で15万枚の原稿を描き、約700タイトルの作品を遺した。その表現手法と物語構成はそれまで他者が描いてきた漫画作品とは一線を画し、手塚以後に生み出されたマンガ作品のほとんどすべてに影響を与えた。比較文学、思想・哲学、歴史学、漫画の図像学等から学術研究対象としての手塚治虫デジタルマンガライブラリーは活用が期待される。

㊱ 東洋経済デジタルアーカイブズ

週刊東洋経済　1885 年日清戦争の直後に創刊され、以来現在まで続く
我が国最古の経済誌「東洋経済新報」(現「週刊東洋経済」) のデジタルアー
カイブである。デジタル化された誌面を WEB ブラウザで閲覧できるほ
か、PDF をダウンロードして印刷することもできる。目的の記事を探す
ことができる。創刊号 (1885 年) 〜 5604 号 (1999 年) が収録されている。

2) オンラインデータにふれてみる

ゼミ (1・2 年生) では、dotcampus (ICT) で、毎回レポート宿題を出し、
本の読み方、レポートの書き方を学んだ。一方、on-line データをどう集
めるのか、どう使うのかについては、以下のように授業した。

■演習 1　Wikipedia、Google Scalar、書籍通販の概説、ネット書評・ブログの
使い方

ウィキペディアは全体を把握するには便利だが二次引用、個人見解も
混じっているので注意深く使うこと。以下、具体例を示す。

変身もの TV 番組で、女性ヒーロー (従前の女性役割を期待されるヒ
ロインではない) の登場について卒論を書こうと考えた学生が年表を作っ
てみると、これまで男性ヒーローばかり、脇役としてのピンクの女性ヒ
ロインだったものが、1980 年代になって女性単独のヒーローが登場して
くることを発見した。そこで、Wikipedia (以下 wiki と略す) で、男女
の差にこだわらない「ジェンダーフリー」を調べると、ジェンダーフリー
は、東京都女性財団『ジェンダー・フリーな教育のために – 女性問題研
修プログラム開発報告書』(1995-96 年) が初出のようである。そこで、
『大衆文化事典』でジェンダーの年表を見ると、1980 年代に、女子プロ
レスに少女ファンが集まり、強い女性ヒーローであるビューティペアが
登場している。つまり、日本におけるジェンダーフリーが政策的に登場
する前に、女子プロレス、変身特撮番組の女性ヒーローなどで、ジェンダー

25

フリーが先行して登場していることがわかった。

『ジェンダー・フリーな教育のために―女性問題研修プログラム開発報告書』(1995-96 年) を図書館で借りて読み、ネット書評で、おもしろそうなジェンダーフリーの本を探し、かつ女子プロレスの本、論文をGoogle Scalar で探し、図書館で借りて読んでみる。CiNii だと、学術論文を探すには便利だが、Google Scholar だと雑誌や一般書など多様に検索できる。論文を探し、本や報告書を読んでみて、それを整理して論文が書ける。Wiki だけでは、説得力ある説明ができない。

■演習２　聞蔵（朝日新聞データベース）を活用した論文から学ぶ

素材　中尾聡史「新聞報道にみる明治から戦前における子どもの交通に関する歴史的変遷」(『実践政策学』5-2、2019 年)

宿題を出した。中尾聡史他「新聞報道にみる明治から戦前における子どもの交通に関する歴史的変遷」を読んで、聞蔵（朝日新聞データベース）の使い方を学びなさい。

●授業ブログ５　中尾聡史他「新聞報道にみる明治から戦前における子どもの交通に関する歴史的変遷」要旨

中尾聡史他「新聞報道にみる明治から戦前における子どもの交通に関する歴史的変遷」(要旨より、筆者修正)

近年、自動運転システムの開発が進み、その社会実装がさかんに議論されている。こうした新しい交通モードの受容は、我々の暮らしに多大な影響を与えることが想定される。新交通モードが人々の生活に与える影響を検討するため、本研究では、過去に導入された交通モードの社会的受容のプロセスに注目することとした。具体的には、新聞を閲覧すること（『聞蔵』朝日新聞データベースにおける検索語彙の検討）を通じて、明治から戦前における子どもの交通に纏わる諸問題を概観した。その結果、明治・大正期において、子どもの交通事故が非常に多く、交通事故による死亡者の半

数が、14 歳以下の子どもであったこと、そして、路上遊戯中に起こる事故
が多く発生していたことが確認された。道路は子どもにとって遊ぶ場所で
あったが、馬車や電車、自動車といった交通モードが急速に導入されたこ
とによって、数多くの子どもの交通事故が発生したことが考えられる。そ
して、こうした子どもの交通事故のソフト対策として、路上遊戯の取締り
の強化や、「交通道徳」の普及のためのイベントが行われていたことが確
認された。また、1920 年に公布された道路取締令には、子どもの一人歩き、
路上遊戯を禁止する項が設けられたことが確認されたが、その禁止が現在
の道路交通法にまで引き継がれていた。一方、ハード対策として、公園の
整備や、押しボタン式信号機の設置、遊園街路の計画などが行われていた
ことも確認された。(『実践政策学』第 5 巻第 2 号 (https://policy–practice.
com/db/5_187.pdf)

　この中尾論文をもとにレポートを課したところ、以下のような成果を
得ることができた [6]。

　【学生宿題の優秀賞 A さん】　今回は論文『新聞報道にみる明治から
戦前における子どもの交通に関する歴史的変遷』(中尾) より聞蔵で調べ
られたワード交通地獄を CiNii・国立歴史民俗博物館リポジトリ・Google
Scholar の 3 種で検索を行い、結果とその差異を見た。なおワードは「交
通地獄」として完全一致検索の形をとった。

　まず CiNii においては検索結果として 52 件の論文等が出た。だが、一
部は読むことが出来ないものも存在した。検索精度は良好であったが、
完全に分野が異なる論文も出てきた。ただ、中尾氏の論文はこの検索法
では出ず、論文タイトルの検索により検索ができた。一方で、国立歴史
民俗博物館リポジトリでは 122 件の検索結果となり、今回の検索として
は最多となった。こちらはリポジトリで論文の閲覧ができ、全ての PDF
がテキスト化されており、文字検索がし易いことが利点とみられた。だ
が、交通地獄というワードが存在しない論文がかなり多く存在したため、

あまり言葉１つでの検索は向いていないと考えられる[7]。最後にGoogle Scholarにおいての検索結果だが、109件となった。検索結果に「交通地獄」という言葉がPDF内に存在することが一目でわかるため、今回のような検索法としてはかなり向いていると考える。キーワードのみで中尾氏の論文が検索できたのはGoogle Scholarのみである。

　結果として、論文自体の信頼性やPDFテキスト等の扱いやすさは国立歴史民俗博物館リポジトリが最もよかったが、キーワード自体の検索精度はGoogle scalarにかなりの優位性があることが分かった。CiNiiは検索精度、サイトの信頼性共に比較的良く、これ単一での調査であれば扱いやすいと思われた。

　【学生の優秀作Ｂさん】「検索サイトの比較」

　中尾論文では、朝日新聞の新聞検索システム「聞蔵」が用いられている。今回は、中尾論文で検索されたキーワードである、「交通道徳」をGoogle Scholar、CiNii、国立歴史民俗博物館学術情報リポジトリで検索、比較し、違いを考える。

　まずGoogle Scholarで検索を行うと、約13,900件の記事が出てきた。「交通道徳」というワードが１回でも含まれると検索にヒットするため、これほど多くの記事が出てきたのだろう。記事の内容は、やはり交通に関するものが一番多く出てきた。しかし、記事の中には道徳に重点をおいているものもあり、Google Scholarを利用して論文を書く際には、１つの検索ワードだけでなく、もっと検索結果を絞れるようにするべきだと考える。

　次にCiNiiで論文検索を行うと、14件表示された。ほとんどが交通に関するものだったが、今すぐに読めるものが少なく、論文がどこにあるか、のみ知らされるものが多かった。CiNiiでは論文検索のほかに全文検索も試みた。そうすると、関連記事が93件表示された。表示記事は増えたが、先ほどのGoogle Scholarと同様に、交通に関するものだけでなく、

キーワードが論文中に含まれているだけのものがほとんどだった。

　最後に国立歴史民俗博物館学術情報リポジトリでは、886件出てきた。歴史学、民俗学などの専門的な分野で書かれているものが多く、「交通道徳」について論文を書く場合はあまり向いていないと感じた。

　［評価］

　今回はキーワード１つで検索したため、多くの検索結果が表示される結果となった。しかし、キーワードを増やし「AandB」で調べると、絞ることができる。調べたいことについて、さらに詳しく結果が表示される。検索する場合には、あいまいな言葉、「地獄」のような評価をともなう語彙を避けた具体的な検索ワードを使用するべきである。

■演習３　オンラインで宮本常一を調べる

　「宮本常一チャンネル」という動画集が宮本常一記念館[周防大島文化交流センター]によって制作されている。

　「宮本常一ってどんな人」「宮本常一の生い立ち、家族、故郷」「宮本常一の離島振興」「あるくきくみる双書」「アチックミューゼアムへの入所、戦前・戦中・戦後」などがあることを紹介し、学生が興味深いものを、視聴してもらい感想を宿題とした。

　参考文献として、「宮本常一の呼び声」（当時、立命館３年生渡邉太祐さんの調査報告）その１（http://ankei.jp/yuji/?n=1515）をあげておいた。この優れたレポートの活用については、当時担当教員であった安渓遊地先生の了解を得ている。

■演習４　松岡正剛「千夜千冊物語：宮本常一『忘れられた日本人』」を学生が読む

　評論家、編集者で編集工学研究所所長である松岡正剛が、千夜千冊をめざした書評サイト「千夜千冊物語」がある。多様な本を、毎夜、紹介しており、知識人に人気がある。ところが、学生に宿題として出したところ、「千夜千冊」は大変評判が悪かった。以下は、レポートを踏まえた授業ブログ上のやり取りである。

[対話的評価]

　学生Ｃ　：読みにくかった。辞書フル動員でなんとか読んだ。もったいぶった文章ではなく、正剛はもっと読みやすい文章を書け！

　教員　　：深い思考を、わかりやすく書くことは難しい。が、正剛を責めるより、正剛の深い思考に挑戦しようとして、電子辞書をフル動員した「私」の進歩を褒めてあげよう。漢字が苦手で、こんな文章には見向きもしなかった「私」が、諦めずに辞書フル動員したことは立派。そして、何がわかったか。一応、「宿題コメントした」でとどまらず、正剛は、いったい何が伝えたかったのか、同じ書評（または違う書評）をもう一度、読み直して、私にとっての発見を再考しよう。

　人間味のあるストーリーは時に人の感情を大きくゆさぶり、論理的な文章と比べて何倍も人を惹きつける。Ｃさんの指摘するとおり、「千夜千冊」は知識が盛りだくさんだが、ストーリーが不足なのかもしれない。

　スタンフォード大学でマーケティング学教授のJennifer Aakerの研究によると、事実や数字を並べるよりもストーリーがあることで最大22倍も人の記憶に残りやすいことがわかっている。ニューヨーク大学でも「ストーリーは魂を宿したデータだ」といわれていた。記事やプレゼン、商品、どんな形であれ、私たちはそれらが持つストーリーを通して物事を理解している。ストーリーテリング（物語として語る手法）は10年くらい前からアメリカでマーケティングに取り入れられ始め、今や企業で「ストーリーテラー」という役職ができるほど、重要な要素の1つとなっている。

　ストーリーの1つのコツは「ビジョン」を見せることである。人々から共感される記述には、3つのいずれかの要素が入っている必要があるという[8]。

　Ⓐ社会的価値（公共性、人間性、生命）

　Ⓑオープンさ（歴史、地理、経済的記述）

　Ⓒ愛

30

　ひょっとすると、松岡正剛には、Ⓐ社会的価値やⒷオープンな説明はあっ
ても、（学生から見て）Ⓒ愛が不足しているから、上から目線であれこれ
述べているように見え、Ａさんには、漢字ばかりの難しい文章に見えたの
かもしれない。文章は、哲学・論理的筋立て、グローカル（グローバルか
つローカル）な公共性、人間性、歴史地理経済的オープン記述のみならず、
対象に対する愛の表現が求められる。文章理解は、書き手と読み手の相互
理解によって深められる。教員も心せねばならない。ストーリーには、愛
が大切なのだと。

■演習5　政府電子統計データ（e-Stat）の引き出し

　昔なら政府統計書をひたすら写して計算する必要がある統計データ、高額
な有料加工データも、今は、無料で見ることができる。こうした統計データ
には、政府電子統計データ（基礎データ）と、（民間、または政府・自治体
により）加工されたデータとがある。

　e-Stat（https://www.e–stat.go.jp/）は、国勢調査、農業センサス、経済セン
サスなど、多様なデータが入っており、簡単にグラフ、表が作れる。また、
地図で見る統計（j-Stat Map）https://jstatmap.e–stat.go.jp/jstatmap/main/trialstart.
html は、統計データを地図に落とし込むことができる優れものである。

　　　総務省統計局e–Statの使い方動画
　　　地図で見る統計（統計GIS）使い方動画
　　　「社会人のためのデータサイエンス演習」紹介動画
など、見るだけで使い方がわかる動画もある。数学の知識が少なくても簡
単にデータ扱いができるようになっている。

　また、地域経済分析システム（RESAS　リーサス）は、地方創生の様々
な取り組みを情報面から支援するために、経済産業省と内閣官房デジタル
田園都市国家構想実現会議事務局が編集して提供している。わかりやす
く、動的で、魅力あるページで、授業モデルまで提供している。

　自治体職員や、地域の活性化に関心を持つ様々な分野の方に、効果的な
施策の立案・実行・検証のためなどに広く利用されることが期待されてお

り、政府の意図が入っている。ニュートラルな基礎統計ではないことは、前提としておかねばならない。

◉授業ブログ6　政府電子統計データ（e-Stat）の課題

演習5　政府電子統計データ（e-Stat）の引き出しの課題

問　日本の人口の変化を国勢調査で調べる
　　⇒検索では「時系列」という言葉が重要

問　神戸市異人館街の人口を調べる
　　⇒「小地域」（北野町、山本通）という言葉が重要。
　　全国より、神戸市役所統計から入る方が簡単だ。

問　全国の外国人を調べる⇒国籍、外国籍で調べる（人権上の配慮で小地域は難しい）

ここで、注意点をあげる。二次資料だが利用しやすい統計もある。以下は留意して使って欲しい。

都道府県データランキング　https://uub.jp/pdr/

　　人口、交通、観光、健康・生活、社会、地理・気象、商業、事故・災害、教育、資源・エネルギー、通信・IT、政治・行政、工業、農産業、水産業など、多岐に渡る都道府県データのランキングを、棒グラフ、都道府県マップ、詳細な一覧表で紹介している。

新型コロナウィルス（COVID-19）特設サイトもある。

　　新型コロナウィルス（COVID-19）に関する最新情報として、感染数情報（9種類）、陽性者情報（8種類）、死亡者・重症者情報（7種類）、検査数情報（7種類）、ワクチン接種情報（12種類）の計43種類のデータについて、日本地図による都道府県分布マップ、都道府県別棒グラフ、および都道府県別一覧表で提供します。2020年1月16日に国内で最初の感染者が発生してから現在まで毎日の都道府県別データである。一覧表は情報種別表示と14日間表示の2タイプがあり、降順・昇順ソートが可能である。

3. はじめての論文

　思いつき、思い込みは論文にならない。近年の学生の卒論でもっとも驚いたのは、個々の学部生の思いつき、思い込みをそのまま卒論にしようとすることであった。卒論の初期段階だけでなく、出来上がった卒論を副査として読んでみると、驚くべき素朴な思い込み勝手な思い込みが描かれていることが多々ある。

　工学、理系では、研究室の共同研究テーマがあり、学生はその一部分を受け持って、作業をし、卒論を書く。しかし、人文学部などでは、おおむね、自由なテーマを学生が思いつき、または、思い込み、それを卒論にしたいと言い出すが、既存研究とのすり合わせ、一般化がなされていないことが少なくない。

　例えば、歴史が好きな学生は「毒殺の歴史」が書きたいと言い出す。聞いてみると、戦国史のゲームで関心を持ったようだ。しかし、呉座勇一『陰謀の日本中世史』[9]を読めばわかることだが、ほとんどの陰謀論は推測妄想であると論証されている。『信長公記』も『鎌倉遺文』を手にしたことのない学生が毒殺の論文を書くのは難しい。

　そこで、私は「新書などに毒殺について書かれた書籍がないか。あればそれを読んでこい。なければ、これまでの研究との接点がないのだから、卒論のテーマにならない」と伝える。毒殺について書かれたミステリーノベルはあるが、研究にもとづく新書はない。学生は、自己の思い込みが、論理にならない、つまり他者に伝えられない独りよがりであることを知る。これが、論理思考の第一歩である。この学びの支援をするのが、大学教員の使命である。

　研究論文、レポートのための基本文献は新書が良い。新書は研究の成果がコンパクトに凝縮されている。本やサイト記事は、いくつもの知識の構造になっている。そのポイントを抜き出し、紹介することを要約と

いう。要約の学習だけでは論理的思考による「生きる学び」（文部科学省
『指導要領』）にならない。抜き出した知識を構造化し、論理的主張を伝
達するのが論文である。私は1年生のゼミの最後に、唐突に「1年生卒
論を書こう」と言い出した。

　1年生卒論の宿題を、水曜日の授業で解説予告し、以下のように授業
ブログで出した。〆切は土曜の23:30である。これまで紹介してきた図
書館の活用、ネット検索の技術が求められる。

◉授業ブログ7　基本文献から問をたてる

> 課題：関心のあるテーマから、基本文献（新書など）、基本サイトを探
> して、部分読みでも良い、引用を付して、問いをたててみよう。

　時間がないなかでの厳しい課題なので、課題に対する応答は一気にす
すまず、未提出者には、毎回、ICTから催促をおこなった。課題に対す
る以下、A、Bの優秀作を事後ブログで紹介し添削した。このブログ記
事をもとに、ふりかえりの授業をおこなった。

◉授業ブログ8　基本文献優秀作

> ★優秀賞D
> 音楽と社会情勢・政治とのかかわりを論じたい。
> ・倉林直子（2014）より、「2006年公開のドキュメンタリー『PEACE
> BED アメリカ VS ジョン・レノン』では、平和運動を推し進めるジョン・
> レノンの影響力を恐れて監視や盗聴を行うという邪悪な国家権力としての
> ニクソンが描かれている。なぜニクソンはジョン・レノンを監視や盗聴し
> なければならなかったのか。また、ジョン・レノンがかかわった平和運動
> とはどのようなものだったのか。

　・堀敬一（2019）より、「ライブエイドとはボブ・ゲドルフが主催した
アフリカの難民を救済することを目的としたチャリティーコンサートであ
る」。当時のアフリカの状況はどのようなものだったのか。

　・前田絢子（2011）より、「ロックンロールは、南部の社会的・歴史的
な広い視野に置かれなければ、理解できない。それは、アメリカ南部の歴
史的背景・権力構造や階級、人種などの問題が複雑に絡み合った南部の産
物といえるからである」。アメリカ南部とアメリカのほかの地域とではど
のような違いがあったのか。

参考サイト

倉林直子「リチャード・ニクソンのイメージ戦略とその効果」（2014）
Tsuda_Journal_046_20140314_293–310_Kurabayashi.pdf

（情報取得日 2021/12/18）

堀敬一「ライブエイドが遺したもの」（2019）36.pdf

（情報取得日 2021/12/18）

前田絢子「エルヴィス・プレスリーの登場と若者文化 − 社会変化を促す
サウンドとしてのロックンロール」

（2011）11000102（1）.pdf 情報取得日 2021/12/18

　Ｄくんの提出課題優秀賞に対する私のコメントは、

　これは、「音楽と社会情勢・政治とはどのようなかかわりがあるのか」
という、一生かかっても解決できないような、大きな問いである。これを、
因数分解すると

　＝（ジョン・レノン×アメリカ政治）＋（ライブ・エイド×アフリカ難民）

　　＋（ロックンロール×人種差別）

となる。本報告は、3つのテーマに関する、断片切り取りの要約である。
どれかにしぼらないと論文にならない。

　加えて、「Tsuda_Journal_046_20140314_293–310_Kurabayashi.pdf」「36.
pdf」「11000102（1）.pdf」というURLはデタラメである。出てきたものをその

まま切り取ってはいけない。元の雑誌名をたどる必要がある。調べてみると、

　　倉林直子「リチャード・ニクソンのイメージ戦略とその効果」『津田塾大学紀要』
　　　　46、2014年、p.p.293–310

　　堀　敬一「ライブエイドが遺したもの」『エコノフォーラム21:学生と教職員のイン
　　　　ターコミュニケーション誌』25号、2019年、p.53

　　前田絢子「エルヴィス・プレスリーの登場と若者文化−社会変化を促すサウンド
　　　　としてのロックンロール」『フェリス女学院大学文学部紀要』46巻、2011年、
　　　　p.p.253–272

である。

　ここでは、私も理解可能な「ジョン・レノン×アメリカ政治」に絞って、
さらに関連する資料を並べてみる。

表3　ジョン・レノンに関する音楽と政治：参考文献3冊

著者	タイトル	出展	備考
ジョン・レノン、オノ・ヨーコ	PEACE BED アメリカVSジョン・レノン（2006年）	PEACEBEDアメリカVSジョン・レノン（2007/12/8）https://www.cinematoday.jp/movie/T0005614	大麻、音楽の政治性（ベトナム反戦）
淡路和子	ジョン・レノン	講談社、2003年	平和とイマジン、人類史的意味
倉沢直子	リチャード・ニクソンのイメージ戦略とその効果	『津田塾大学紀要』46、p.p.293–310 、2014年	ニクソン大統領とジョン・レノンの対立

　倉橋直子だけでなく参考文献3冊のリストできた。最後の列には、内
容のメモを書いておくと良い。この3冊を読んで、関連する事項を書き
出し、それを並び替えて、1年生論文を書くのだ！

次に、優秀作 B

◉授業ブログ 9　1 年生基本文献添削

★優秀作 B

スマホ時代に本を読むべき理由と読み方…ウイルパワーとワーキングメモリを使いこなす。

1 つ目、最近の人は昔の人に比べて、本の読む機会が減っている。では本を読むべき理由。スマホではなくスマホ時代に本を読むべきなのは、体系化された情報・知識を効率よく得られる。本は動画や記事なとは違い知りたい事を深く知識として身につけることができやすい。体系化されている情報や事柄を読むことでその分野に関する全体像が掴めやすい。また、スマホより本の方が情報の圧縮度合いが高く、情報密度が高いと言える。講演の 1 時間分と本では、要点を読者に伝えやすく選び抜かれた言葉で本が見られるので、講演よりも知識として脳に入れることができる（引用文献、頁なし）。

二つ目、本を読むときに頑張りすぎないこと。ウィルパワーとワーキングメモリを使うことで、本をより効果的に読む事が出来る。最近の脳科学、認知科学の研究では、本をじっくり読んで頑張ろうとするには無理があり、逆効果だと言っている。本を読むためには集中力が必要になっているが、本を読む際にワーキングメモリを使っている状態なので集中力が少しずつ無くなっている。続けて読むとワーキングメモリがいっぱいになり、新しい情報が溢れたり、あまりの情報の多さに脳がフリーズしてしまい、読んだ事柄が脳に行かずに抜けていくので、あまり先へ先へ読み過ぎずに同じところを読み返す事が大事。ウィルパワーとは意志力のことでありウィルパワーを出来るだけ無駄遣いしないことで、本をこまめに読めるようになる。ウィルパワーを使い果たすと本に対して、興味や面白さが減っていく。ですので本を読むときはゆっくり＆じっくり読みではなくて飛ばし＆繰り返し読みの方が既存の記憶と結びつきやすく、新たな情報知識を吸収できる（（引用文献、頁なし））。

参考文献―脳と本の持つ可能性を最大化する武器になる読解術（宇都出雅巳）―宇都出雅巳『武器になる読書術―「脳」と「本」の持つ可能性を最大化する』総合法令出版、2021 年

私のコメントは、

　これも、気に入った本の要約である。本文中に引用頁が示されず、参考文献の示し方が間違っている（消し線で残す）。修正しておいた。

　さて、この本は、知識とは何か、本を読むという行為・体験とは何か、考える学ぶとは何か？を定義せねばならない。飛ばし読みの論理学的位置づけを明確にする必要がある。

　要約箇所から推測する限り、本書では「考えると学ぶ」「知識と思考」はどう異なるのか、本は意志で読むという根拠は何か？次々、疑問がわいてくる。本を読むことの論理学的意味が明確でない。そもそも意志力とは何か？教育学的、心理学的一般化された定義が必要だ。それをなぜウィルパワーと言い換えるのか。意志と思考はどう違うのか？重要な分析概念である「意志」の定義が明確でないので、本書はどこまで信用できるか不安になってくる。

　各論についても疑問がわく。本とは本当に知識が凝縮されているのか？その根拠は？本は全体像がつかめやすいというが、スマホで掴める全体像もある。本はスマホとどのように異なる知識体系なのか？そこが論じられていない。

　こう考えると、この本は言葉の定義が不明確で、論理的には何も言っていない本だと推測できる。一般書のなかにも、このような本もあるので注意する必要がある。

　知識の凝縮でいえば、スマホの連続検索のほうが、知識凝縮ともいえる。別な角度からいえば、知識の構造化は、スマホのネット情報のほうができている。しかし、本の構造は、読み取りにくい。実は、本の構造は「凝縮」ではなく、読み取りにくいからこそ、本は、生身の我々の歩幅にあわせて知識との対話を仕掛けてくるのではないか。そこが、スマホとは異なる、考える行為としての読書ではないだろうか。

　読書という、本が提供する体験知は、スマホによる知識凝縮・知識構

造をリンク・検索で追いかけるよりも、はるかに対話的であり、我々に
内在する思考する主体を再発見することができるのではないだろうか。
知識産業社会の現代社会において、知識は外部化されてネットのなかに
無数にある。だとすれば、その知識を使う、考える、対話知こそ、間接
対話の本が与える読書経験こそ、現代社会における重要な経験ではない
か。

　ゆえに、本書は、「読書媒体の違いが読解方略に及ぼす影響」[10] などを
参照する限り、『武器になる読書術』は、論文執筆の基本文献の対象とは
ならない。

　優秀作に選んでおきながら厳しいコメントだが、言葉の定義をしてい
ないフワッとした一般書は論理実践の論文を書くときの参考にはならな
い。

1）なぜ卒論を書くのか

　これからの日本社会はSociety 5.0[11]をめざすという。狩猟社会（Society 1.0）では、瞬発力・体力ある人材が生き残った。農耕社会（Society 2.0）では、穀物を蓄積し集団のなかで役割をはたせる人材、いわゆる「コマ」が求められた。工業社会（Society 3.0）では、大量生産をすすめる知識・技能を持った事務労働と、資源をすばやく処理できる技術をもつ肉体労働が求められた。近代工業社会の大衆教育では、知識、技能を保証する高等教育が求められた。工業高校、理系大学が優位な時代があり、農学部は営農、農業よりも農化学、食品化学が優先された。情報社会（Society 4.0）では、情報とフィジカルな社会とを結びつける情報技術が求められる、工業高校・大学では、電気科よりは情報科、情報学部が期待された。社会はこのような順序で進化・発展してきたとされる。

　しかし、現代はIoTセンサーとインターネット、AIを活用することで、自動車の自動運転やロボットによる倉庫内作業の支援、ドローンによる宅配など、必要なときに必要なサービスが提供されるSociety 5.0社会をめざしているとされる。Society 5.0社会では単純な知識や技能資格だけではやっていけない。これからの時代は、事務労働と肉体労働が減少、または報酬単価が下がり、結局、クリエイティブ系（Creativity、創造性）・マネジメント系（Management、経営、管理）・ホスピタリティ系（Hospitality、もてなし）といった三つの分野の仕事だけが残ることになる[12]。

　実際、我々の社会は、AIが自動で大量に設計図を書くので、建築士の資格をもっているだけでは食べていけない。AI判断で多くの法務需要が処理されるので、弁護士の資格を持っていても失業しないという保証はない。高度な医療技術と医療機器、医療マネジメントへの投資が必要な

ので、医師の資格を持っているだけでは生活の保障はない。

　Society 5.0 社会では、新たな付加価値の創出が求められる。どのように付加価値を獲得し得るかは変化し続けるため、競合の動き、異業種参入等の競争環境の変化を踏まえた迅速な判断が必要とされる。Society 5.0 社会では、臨床の現場で、臨機応変に有利性とリスクを判断できる人材、加えて熟慮し、判断を論理的に集団に伝える能力が求められる。結局、臨機応変の判断力と、論理的思考、論理的伝達力のある人材が、臨床的なもてなしを創造し、もてなし創造の価値を管理経営することになる。

　にもかかわらず、現代日本の若者は、少子化で、トラブル、困難など判断経験が少ない学生が増えている。一方で、子どもの貧困、ヤングケアラー、家庭暴力など、多くの困難を抱えている学生も少なくないが、彼らはその対処に精一杯で、厳しい経験を、自己の知恵、有利性に結びつけるには至っていない。

　こうしたなか、管理された受験テクニックを植え込まれ、それのみを信じ込み、答えは1つだと思い込んでいる学生は少なくない。建築士の資格さえとれば、なんとかなると誤解している家族、学生は少なくない。

　卒論とは、（結果的には）学生が己の論理思考の訓練不足、表現能力の不足、戦略的計画の稚拙を思い知る（失敗を経験する）ためにあるともいえる。そして自己の能力を超える論理思考、表現法、達成感と妥協・諦観を学ぶ機会でもある。

　近年の大学では、資格さえとれば良い、学部生には卒論は不要との意見も聞こえてくる。答えが1つの Society 5.0 以前なら卒論不要論もありえる。しかし、現代こそ、臨床の現場で、臨機応変に判断、熟慮し、論理的に表現する能力が求められる。フィールドワーク、卒論執筆の経験こそは、文系高等教育の重要使命である。

2）思いつき、思い込みは卒論にならない

　前節で紹介した、「毒殺の歴史が書きたい」学生は、3年生E君であった。「歴史ゲーム」の思い込みから、半年間抜け出せない。網野善彦『古文書返却の旅』『無縁・公界・楽』を紹介しても、「先生の好みにあわすのは嫌だ」と思いこんでいる。

　こういうときは他の専門家の意見を伺うのが良い。博物館学のY先生に相談に行くようすすめた。Y先生は、古墳や戦国城址をも研究する専門家である。歴史民俗学の私より「毒殺」に近いと、学生は思うかもしれない。Y先生の答えは極めてシンプル、『信長公記』を読みなさいという、真っ当な指導であった。何が出て来るかわからない、出ないかもしれない公記録を、延々と読めというのだ。正統の歴史文献の訓練をしたことがない学生には、これは厳しい。

　おかげで、E君の思い込みは、外堀が埋まったようなので、『神奈川大学日本常民文化研究所調査報告　第29集　熊野水軍小山家文書の総合的研究』（2021年）を紹介した。網野善彦『古文書返却の旅』に登場する小山家文書から、熊野水軍について考えてはどうかと、提案した。戦国大名ではないが、熊野水軍は津波もあって文献が残らず、村上水軍に比べて研究が少ない。素人にも自由に卒論が書けると考えた。

　一方で、表4のように、文献を整理したものを、本人に渡した。これで3年生論文を書いてはどうか？と、指導した。戦国期、織田信長の命で、石山本願寺攻めに参加した安宅船は熊野水軍の造船技術であり、その重要文献が小山家文書である。熊野水軍の操船技術は、捕鯨に関わっており、これなら戦国大名好きのC君も、納得してくれるかもしれない。『熊野水軍小山家文書の総合的研究』を読んではみたが、彼の卒論の方向性が見えない。

　そこで、4年生7月の中間報告までには、戦国大名と海賊とのかかわりを示す。

　　小川雄『水軍と海賊の戦国史』平凡社、2020年

　　黒嶋敏『海の武士団−水軍と海賊のあいだ』2014年

　　熊野太地浦捕鯨史編纂委員会『鯨に挑む町』1965年

に絞り込んで読み、中間報告を書くことにした。戦国に関心のあるC君
は、喜んでこの3冊を読み、中世の「寄船慣行」（要は海の武士団の日常
的海賊行為）を、幕府が「徳政」として禁止したことをレポートし、こ
の寄船が鯨の集団寄せ（捕鯨）につながることを発見している。大発見
である。卒論の中間報告では、このような卒論の筋を見い出すことが肝
である。

表4　和歌山熊野・漁業水軍関連基礎文献一覧

著　者	論文名等	雑誌、シリーズ	出版元	年	関連地名	関連項目	所
田上繁	熊野灘の古式捕鯨組織	海と列島文化第8巻	小学館	1992	太地、古座	水軍由来、捕鯨	神
広谷喜十郎	土佐の漁業と紀州漁民	海と列島文化第8巻	小学館	1992	印南、足摺	鰹、遣明船、亀	神
杉浦敬次	東国漁業の夜明けと紀州漁民の活躍		セイコー社	2007	房総	旅網、浦借、新網、人口減、鰹節	和
田島佳也	近世紀州漁法の展開	日本の近世第4巻	中央公論社	1992	佐野網、	捕鯨、鰹、鰯	神
笠原正夫	紀州加太浦漁民の関東出漁	和歌山の研究第3巻	清文堂出版	1988	加太、太地	関東出漁、鯨方	神
笠原正夫	近世漁村の史的研究：紀州の漁村を素材として		名著出版	1993	加太、太地	関東出漁、鯨方	神
上村雅洋	紀州廻船の繁栄と衰退	和歌山の研究第3巻	清文堂出版	1988	冨田、日高、比井	樽廻船	神
長島福太郎	中世の熊野…6熊野水軍	和歌山の研究第2巻	清文堂出版	1988	児島党、新宮衆	水軍	神
井原勲		続安都散策	松田印刷	1981	比井、日高	樽廻船、菱垣廻船	和
大野浩		紀伊ゆら由良記	ハセバ印刷	1998		関東進出	和

著　者	論文名等	雑誌、シリーズ	出版元	年	関連地名	関連項目	所
野間 晴雄	紀州と房総の比較地域学	日本地理学会発表要旨集/2017年度日本地理学会春季学術大会		2017	加太、太地	関東進出、鯨操船	和
小松正之	尾張伊勢・志摩熊野紀州摂津・播磨瀬戸内土佐	歴史と文化探訪日本人とくじら	ごま書房	2007	摂津、明石	鯨	神
	日高郡津久野裏に来た阿波の釣漁師たち	和歌山県立文書館だより第39号		2014	堂之浦	テグス、鯛釣り	OL
宿毛市	近世編-漁村の組織と生活	宿毛市史			※		OL
鳴海邦碩	近世大坂の釣りと漁業	2011年第6回都市環境デザインセミナー	篠山青山藩	1662			OL
酒井亮介	雑喉場魚市場史：大阪の生魚流通		成山堂書店	2008	大阪	生船	神
高橋修	熊野水軍のさと—紀州安宅氏・小山氏の遺産		清文堂出版	2009			神
明石市立図書館	鹿ノ瀬を巡る争いの歴史	明石の漁村			加太（加田）	鹿ノ瀬密漁	OL
	熊野水軍小山家文書の総合的研究	神奈川大学常民文化研究所		2021	熊野	城、港、備前焼、浦方以前 水軍	OL
小川雄	水軍と海賊の戦国史		平凡社	2020		水軍	神
黒嶋敏	海の武士団—水軍と海賊のあいだ		吉川弘文館	2021		水軍	神
橋浦泰雄	鯨に挑む町	熊野太地浦捕鯨史編纂委員会		1990	太地	鯨と武士団	研

※本水主は上方通いの船の所有者、鰹船の所有者または鯨方頭分などで、身代よく御用銀調達など公用に努めた

年: 出版年

所: 所在図書館　神:神戸学院図書館　和:和歌山県立図書館　OL:オンライン　研:研究室

　一方、3年生ゼミに但馬出身のＦさんがいた。但馬のことを卒論にしてはどうかと言っても、神戸の異人館がしたいというばかりである。北野・山本地区伝統建造物地区（伝建地区）の報告書はすでにある。それ

をなぞってもレポートを書くことはできる。しかし、そこからは何も発見はない。

　そこで、次のような問いを用意した。

　問い①　「伝建地区以外にも異人館はないか」

　問い②　「いわゆる異人館（西洋様式の日本建築）以外にも、神戸には多様な外国文化を表象する建物はないか」

　①については、垂水区塩屋ジェームス山にも異人館が残っていること、東灘区の深江文化村の洋館などを伝え、調べさせた。②については、住居以外の商館（旧居留地 15 番館）や教会（神戸栄光教会、ユダヤ教会）などを紹介し、ストリートビューで確認した。また、神戸ユダヤ共同体跡地など対外交流の史跡も確認した。さらには、関帝廟やジャイナ教寺院、イスラムモスクなどアジア系の異文化施設も確認し、多様な外国文化を視野にいれさせた。

　現状の神戸観光では、神戸の外国文化は異人館を巡って、南京町での買い食いに終始している。①②を含む多様な外国文化を、どのように紹介すれば良いのかを議論し、『「まち歩き」をしかける』（茶谷幸治、2012年）を紹介し、これをキーワードデータ化したリストを作らせた。基礎文献をキーワードで整理していれば、3 年生での準備はほぼ整った。

　その上で、4 年生 7 月の中間報告では、表 5「北野山本地区の伝統的建造物（異人館）一覧」を作成した。38 棟の異人館のリストを作ってみると、異人館建設に関して大きく関与した外国人建築家、多様な居住者など、興味深いことが浮かび上がってきた。卒論としてはこの 38 棟の現地調査、生活断片を知ることに絞って、異人館街の生活風景を論じることとした。伝建地区以外の異人館や、異人館以外の外国文化建築を扱う余裕は、もうないことに本人は気づいた。

表5　北野山本地区の伝統的建造物（異人館）一覧

建築名称	建築通称	住所	竣工	指定	種類	住居者	設計者	建築様式	現状
旧スタデニック邸	北野メディウム邸	山本2-19	M20頃		住宅	露	不詳	コ様式	公開
神戸外国倶楽部		北野4-15-1	M23-		クラブ	不詳	A.N.ハンセル（英）	レンガ造り	会員公開
旧チャン邸	サッスーン邸	北野2-16-1	M25		住宅	ユ系シ貿易商	不詳	コ様式	公開Wed
東天閣	ビショップ邸	山本3-14-18	M27		住宅	独	ガリバー（英）	コ様式	公開
門邸	ディスレフセン邸	山本3-5	M28		住宅	→華僑	A.N.ハンセル（英）	破風がHT様式	非公開
旧シュウエケ邸	旧ハンセル邸	山本3-5-17	M29		住宅	A.N.ハンセル（英）	A.N.ハンセル（英）	ゴ基調のコ様式	一部公開
旧ムーア邸		北野1-2-17	M31		住宅	ムーア	J.R.ドレウェル（仏）	コ様式	公開
旧米領事館官舎	ホワイトハウス	北野2-9-6	M31		住宅(官舎)	独→米領事館	不詳	コ様式	公開
アンダーセン邸		山本3-5-5	M32		住宅	スウェーデン	A.N.ハンセル（英）	コ様式	非公開
レイン邸		北野2-12-12	M33		住宅	露,貿易商	不詳	V様式	公開Wed
林邸		北野4-11	M33		住宅	華僑?	不詳		非公開
マリニン・フタレフ邸		北野4-11	M34		住宅	不詳	不詳		非公開
ボリビア領事館		北野4-7-7	M30s		住宅	不詳	不詳		非公開
旧小林家住宅	シャープ邸	北野3-10-11	M36	重文	住宅	米,総領事	A.N.ハンセル（英）	コ様式	公開
丹生邸		北野4-4	M39		住宅	不詳	不詳		非公
山田邸		北町3-9-15	M40		住宅	不詳	不詳		非公
フロインドリーブ邸	スタバックスコーヒー	北野3-1-31	M40	登録有形	住宅	独,パン職人	不詳	コ様式	公開
グラシアニ邸	グラシアニ	北野4-8-1	M41		住宅	仏,貿易商	不詳	コ様式	公開
旧ボシー邸	洋館長屋	北野2-3-18	M41		住宅	仏	不詳	コ様式	公開
フデセック邸	英国館	北町2-3-16	M42		診療住兼	英,医師	技師（英）	コ様式	公開

建築名称	建築通称	住所	竣工	指定	種類	住居者	設計者	建築様式	現状
トーマス住宅	風見鶏の館	北野3-13-3	M42	重文	住宅	独、貿易商	ゲオルグ・デ・ラランテ(独)	AN様式	公開
神戸華僑総会		北野4-2-1	M42年頃		住宅	ゲンセン	A.N.ハンセル(英)	コ様式	公開
ヒルトン邸	旧パナマ領事館	北野2-10-7	M43頃		住宅		不詳		公開
フリューガ邸	北野外国人倶楽部	北野2-18-2	M後期		住宅	→ハンセン	不詳	HT様式	公開
サンセン邸	山手八番館	北野2-20-7	M後期		住宅	サンセン	不詳	HT様式、T様式	公開
チン邸	坂の上の異人館	北野3-5-4	M後期		住宅	旧中国領事館		東洋的様式	公開
フェレ邸	ベンの家	北野2-3-21	M末〜T初		住宅	英・貴族・狩猟家	不詳		公開
鄭邸	鄭寓邸	北町4-3	M末〜T初		住宅	華僑	不詳		非公開
パラスティン邸		北野2-10-12	T3		住宅	露、貿易商	不詳	コ様式	公開
ドレウェル邸	ラインの館	北野2-10-24	T4	登録有形	住宅	独	J.R.ドレウェル(仏)	西洋風の様式	公開
アボイ邸	イタリア館	北野1-6-15	T5		住宅	アーボイ	不詳	HT様式	公開
モッシュ邸		不詳	T初		住宅	不詳	不詳		非公開
ヴォルヒン邸	旧オランダ領事館	北野2-15-1	T7		住宅	蘭、領事	不詳	コ様式	公開
旧トーセン邸		北野町	T8頃		住宅	トーセン	不詳		非公開
旧ハリヤー邸	うろこの家	北野2-20-4	T11	登録有形	住宅	Rハリヤー(独)	不詳	鱗状天然石を外壁	非公開
神戸バプテスト八教会		山本1-7-27	S27		教会		アメリカ人		公開
神戸ハリスト正教会		山本1-4-11	S27		教会		ロシア人		公開
片桐・山本邸		北野3-9			住宅	不詳	不詳		非公開

通称は代表的なもののみを記した。居住者名は建築名・通称に示されている場合省略
ユ系シ: ユダヤ系シリア人　Wed:結婚式用　HT:ハーフティンバー様式　T: チュダー様式
コ: コロニアル様式　ゴ: ゴチック　V: ビクトリア様式　AN: アールヌーボー様式
M: 明治　T: 大正　S: 昭和

3) フィールドワークの心得

■宮本常一の父の教え

　書籍、ネット・テレビの知識を集め、地域を観察すると、なるほどと、思うことも多い。知識や経験豊富な先生の後ろについて、フィールドでいろいろ説明を受けると、現場知識が増えて、書籍以上に楽しい。

　しかし、他人の視点だけではなく、自分で歩いてみて、自分の目で見て、自分で考えてみることは重要だ。熊野水軍といわれる集落や北野山本地区を訪れ、住民にお話を伺うことは基礎文献を整理すること以上に重要だ。宮本常一はこれを「あるく、みる、きく」と表現している。「あるく、みる、きく」は宮本が主導していた日本観光文化研究所の機関紙名『あるく　みる　きく』でもあった。宮本は、

> 私にとって旅は学ぶものであり、考えるものであり、また多くの人々と知己になる行動であると思っている。そしてともすれば固定化し、退嬰化していく自分の殻をやぶる機会を作るものだと思っている。旅をしてたのしいのはよい人の心にふれることである。古美術にも心をうたれるが、何十段というほどつみあげられた段々畑の石垣にも驚嘆する。ましてそこで生活している人たちと話しあうことのできるのも大きな啓発になる

と表現している[13]。

　民俗学であれ、歴史学・地理学・人類学・社会学であれ、フィールド（社会・現場）に出て考えることは魅力的だ。しかし、フィールドに出る前に心して欲しいことがある。

　日本全国を歩いたといわれる宮本常一の二つの著作を、宮本の弟子で山口県立大学名誉教授の安渓遊地及び、阿部和也医師のブログを引用して紹介する。

父の十箇条　（宮本善十郎さんの言葉）

①汽車に乗ったら窓から外をよく見よ、田や畑に何が植えられている
　か、育ちがよいかわるいか、村の家が大きいか小さいか、瓦屋根か
　草葺きか、そういうこともよく見ることだ。駅へついたら人の乗り
　おりに注意せよ、そしてどういう服装をしているかに気をつけよ。
　また、駅の荷置場にどういう荷がおかれているかをよく見よ。そう
　いうことでその土地が富んでいるか貧しいか、よく働くところかそ
　うでないところかよくわかる。

②村でも町でも新しくたずねていったところはかならず高いところへ
　上ってみよ、そして方向を知り、目立つものを見よ。峠の上で村を
　見おろすようなことがあったら、お宮の森やお寺や目につくものを
　まず見、家のあり方や田畑のあり方を見、周囲の山々を見ておけ、
　そして山の上で目をひいたものがあったら、そこへはかならずいっ
　て見ることだ。高いところでよく見ておいたら道にまようようなこ
　とはほとんどない。

③〜⑨　　略

⑩人の見のこしたものを見るようにせよ。その中にいつも大事なもの
　があるはずだ。あせることはない。自分のえらんだ道をしっかり歩
　いていくことだ[14]。　　　　　　　　　（宮本常一『民俗学の旅』）

　ぜひとも、『民俗学の旅』を読んでみよう。これから勉強をしていくと、
友人はどんどん新しいことを学んでいるのに、自分が乗り遅れたような、
自分の取り組もうとすることが、誰でもやっているつまらないことのよ
うに思えることもある。しかし、⑩他人の見のこしたことのなかに、大切
なものがあると信じて、自分の足で歩き、高いところや人の行き交う駅で
観察し、自分で考え、地域の人に聞いてみよう。それを、文章、プレゼン
にまとめてゼミやレポートで発表して、仲間や先生の意見を聞いてみよう。

■『調査される迷惑』

これまた安渓先生のブログに示唆され、宮本・安渓『調査される迷惑』⁽¹⁵⁾を阿部和也医師のブログから紹介する。

宮本常一、安渓遊地『調査されるという迷惑－フィールドに出る前に読んでおく本』（みずのわ出版）。

本書は、その題名の示す通り、「調査」がどれだけ対象者に影響を与えるかを論じた本である。調査するという行為に内在する問題もあり、調査者のマナー低下に帰すべき問題もある。第1章は『調査地被害－される側のさまざまな迷惑』で、宮本の論考を再録したものだ。安渓の恩師に当たる宮本が、さまざまな実例を挙げている。

学術調査を行う側に優越感があったり、先入観があったりすることで相手に迷惑をかけることがあるが、調査に熱心すぎても迷惑になることがある。古老が問いつめられて、答えようのなくなっているのに、「こうだろう、ああだろう」としつこく聞いているフォルクロリストもあったようで、「あれでは人文科学ではなくて訊問科学だ」といっていた人もあった。

私はそういう人が調査を行った直後を歩いたことがあったが、私が話を聞きにゆくと「私のようなばか者とはとても話ができんから」といってことわられたこともたびたびあった。調査されるということが、よほど身にこたえたらしい。しかし話しているうちに私の立場をわかってくれて、いろいろ教えてくれた人もあったが、なかにはとりつくしまのない場合もあった。（18頁）

調査者の期待に沿おうと、話を創作してしまう場合や、調査者の質問を予想し、あらかじめ答えを用意しておく場合もある。テレビで郷土芸能が放送されるとき、たいてい由緒の解説がついているが、ほとんどがいい加減なのだそうだ。由緒をつけないと取材者が納得しないので、無理をしてつけるのだ。極端な例としては、調査される苦痛から逃れるた

め、あるいは調査されるのは時代遅れだからではないかと不安になって、生活を変えてしまう場合もあるらしいという。

　それだけならまだよい、今度は文部省から調べに来たという。これも若者組や若者宿があるからで、若者宿をやめたら調査にも来なくなるだろうということになって、若者宿をやめた村があるということを、その地方を歩いてきた人から聞いたが、真偽のほどはわからない。しかし私には、それが事実のことのように思えた。（19頁）

　第2章『される側の声 – 聞き書き・調査地被害』

　この章は安渓が調査で知り合い、親しくなり、信頼も勝ち得た調査対象者から投げかけられた「被害者の言葉」を聞き書きの形で紹介している。

　私も、最近、日本のある島で自分の研究のありかた—というより生き方そのもの、といった方が正確だろう—について激しく叱られるという経験をもった。その出会いのもたらした衝撃を「聞き書き」という形でフィールド・ワークに関心を寄せる皆さんにもお届けしたい。［中略］人間が人間を「調査する」ことが生み出す悲しい現実。そのわびしい風景と、そのかなたにあるものについて、これからフィールド・ワークをめざす方々に少しでも認識を深めていただくことを願って、あえて筆をとった。（36〜37頁）

　ここで著者が「叱られる」という言葉を読むと、いかに非常識な研究者が多いか、いかに研究者が自分の研究を高く評価し、調査対象を見下しているかがわかる。他人の家にずかずかと入り込み断りもなく写真を撮る者、貴重な資料を借りたまま返さない者、祭りの最中に平気で神聖な場所に踏み込む者、自分の望む答えが出ないと相手の話を遮って詰問する者、さまざまな「無礼者」が次から次へと現れるので、胸苦しくなる。

　私はこれを読んでいるとき、大学人の質の悪さを思い起こし、暗澹とするとともに、大学教育に内在している「学問至上主義」とでもいうようなものを、どのようにすれば排除していけるのかをいろいろ考えた。

ところが、少し経って振り返ったときに、この調査者と対象者の関係は、そのまま医師と患者の関係に置き換えられるのではないかと気づいた。

　医師の問診は調査である。医師が質問し、患者が（医師から見て）見当違いのことを話し始めたときに、患者を遮って「いや、それはどうでもいいので、質問に答えなさい」のような物言いをする医師がいるのではないだろうか。患者の立場に立てば、心の準備も必要だし、初めから話さないと事情がわかってもらえないと思っているかもしれない。それを無視する医師は多いのではないだろうか。そのような態度を、今までは個人の資質と思っていたが、もしかしたら大学の場で医学教育をすること自体に原因の一部があるのではないかと疑いはじめた。（以上、「阿部和也の人生のまとめブログ」より）

　医療の現場では患者の「物語」を大切にしようという「ナラティブ・ベースド・メディシン」（あるいは「ナラティブ・メディシン」とも言い、「物語に基づく医療」の意。以下NBM）が一部に取り入れられはじめている[16]。つづいて、研究成果の還元についての阿部医師のまとめを引用する。

　『調査されるという迷惑——フィールドに出る前に読んでおく本』の第7章は「研究成果の還元はどこまで可能か」である。

　これは日本民族学会（現文化人類学会）の会員へのアンケートを研究倫理委員会の委員がまとめた文書の一部である。安渓は委員の一人である。研究成果を発表して、被調査地域の人びとがそれを読んだ場合、相手に迷惑がかかる場合がある。（略）専門性の高い学会誌への投稿だから一般の人は読まないだろうとか、少部数の同人誌だから読む人は限られているだろうなどと都合の良い判断をしても、それがその通りになるかどうかはわからない。

　どのような心構えでどのような内容の文章を書くかというのは、メディアリテラシーの一部である。今後、インターネット内の検索機能が向上

するに従い、自分の書いた文章がより多くの人の目に触れるようになる。自分で公開しなくても引用で公開されることも充分ありうる。また「ネットでは匿名」と決め込んでいる輩がいるようだが、匿名投稿者が誰であるのか瞬時に突き止められる日も来るかもしれない。新しい次元のメディアリテラシーが必要になるだろう。

　安渓はフィールドワークを熱心に行う中で、引き裂かれていった。被調査者から自然な情報を得るためには、彼らの仲間にならなくてはならない。そうなると、どうしても被調査地域の暮らしや被調査者の個人的事情に深く関わることになる。たとえば被調査地域を食い物にしようという組織や企業が現れた場合は、座視していることができない。また、文化や伝統を誰より多く知っている者になってしまう場合には、伝統の継承を援助しなければならないこともある。非常に貴重な情報でも、それを公開することで被調査者に個人的不利益が及ぶようなら、公開を諦めねばならない。しかし、そのようなあり方では客観的な研究ができない。(以上、阿部和也「 人生のまとめブログ 」より。

　阿部医師は、フィールドワークのあり方を通じて、臨床医療のあり方を深く考えている。私は、「第Ⅱ部 3-5) EBM と NBM」(p.95)にて、科学論、対話論として、NBM を考え、阿部医師に共感を持って、長々と引用した（一部加筆）。

　森栗：ここまで書かれると、フィールドワークは難しいからと、後ずさりする人がいるかもしれない。でも、人生は、こんなリスクと、いつも隣り合わせ。人生自体が、筋書きのないフィールドワークです。フィールドワークの経験から、人の豊かさ、社会の楽しさを学び、そして、学びの難しさも学ぶ。フィールドワークは、私たちを成長させてくれます。せっかく大学に来たんだから、一緒にフィールドに出て、成長しましょう。

　鈴木：このような、一方的に調査される側、される側というだけではなく、違うフィールドワークもあります。フィールドで調査をする自分を見ている他者がいることに自分が気がついた時、他者との関係の中に、そして社会や自然環境の一部として自分があることに気がつき、それが形成される過程や様々な要因で変化する様を理解する方向へと目が向き、フィールドワークが進んでいくのではないかと思っています。調査者も組み込まれた形で様々なつながりができ、その全体像がフィールドワークなのかなと感じています。（菅原和孝『フィールドワークへの挑戦ー〈実践〉人類学入門』世界思想社、2006 年）

　森栗：「1. 宮本常一の父の遺訓」、「2. 調査される迷惑」は、初心者がフィールドに出る前に最初に心がけておくべきことを書いたものです。こうした心がけのうえで、遥さん（ここでは先生はやめますね！）のように実際にフィールドに出て歩き、見て、問うて、考えるなかで、実は、他者（フィールドの状況）を知るだけではなく、本当は、自らの気づかなかった課題に気づくこともあります。課題は、頭のなかで考えているだけでは課題になっていない。フィールドで他者・自然・社会と対話するなかで、自らの課題を再発見する、メタ理解がすすむのかもしれません。まあ、これは何度かフィールドに出てから「あっそうだったんだ」と後から気づくことかもしれません。

　鈴木：私は、清水展『噴火のこだま—ピナトゥボ・アエタの被災と新生をめぐる文化・開発・NGO』（九州大学出版会、2003 年）という本を読んで、こうした実践的な立場にも賛同しています。相手との関係性を重視する中

では、学術か否かよりも、具体的な政策提言を行うことに意味がある場合もあると考えています。「これは学術ではないからとか、調査者の立場としては踏み込みすぎだという観念をいったん捨て、相手との関係の中で自分ができること、やることを重視する」という実践研究です。調査される迷惑を考え、学術として悩むよりは、実践政策提言すればそれで良いのではないですか。

　森栗：そうですね、学術の形式、こんなことして論文になるのかと考えるより、現場にいき、実践するのが大切、政策提言するラディカルな研究は良いですね。考えてみれば。フィールドには、日常の暮らしへの訪問もあれば、災害時のフィールドに飛び込むような非日常への訪問もあります。災害被災地への関わり政策提言も、その関わり行為が、どのような影響を与えているのか、ラディカルであればあるほど、内省する必要があります。

　実は、私には苦い経験があります。四半世紀前、阪神大震災復興まちづくりで新長田地区に飛び込んだ。このとき、被災者のなかには、Ⓐこれまでの地域に根差した長屋と工場・商店のつながる暮らしを回復したいと願う人もいれば、Ⓑ国や市役所の支援があるうちに20haの高層ビル群再開発での復興をもくろむ人もいた。私としては、住民と地域の未来を語りあい、対話の場を設けて支援しているつもりだったが、結果としてⒷ再開発派や行政側からみれば、Ⓐ再開発反対派を「あおる」「危ない学者」に見えたのかもしれません。ラディカルであろうがなかろうが、日常であろうが非日常であろうが、フィールド行為の影響は大きく、逐一、内省することは必要かなと思っています⁽¹⁷⁾。

　論文は、小説のようなアート作品でもなければ、作文でもない。極端に言うと、数学のような論理学である。訓練されてない人の文章は、何を書いているのか、どこにいくのか、読んでいてめまいがする。いや、学生だけではない。

　私は工学系、総合系の雑誌2冊の編集委員をしており、他に文系雑誌からの査読依頼も多い。自分の大学の博論、修論、卒論を除いても、年間、60以上の論文を読んでいる。読んでいて、つくづく思うのは、工学、文系、大学院生・社会人、大学院生・教員に関わらず、私自身を含め意多くして言葉足らず、意味のわからない文章になりがちだ。一方でコンサルタントの文章は、読みやすいが意図が不明確なものも多い。日本の大学では（高校でも）、論文の基礎を教えていないことが問題だと考える。

1）論文の目的

　論文のもっとも重要なことは、論拠のある問いをたてることである。①単なる思いつき、思い込みで仮説を出して数値モデル計算されても（工学系研究者に多い）、絶句するしかない。また、②思いつく素朴な問いを無数に並べられても、はたまた③「幸せとは何か」といった複雑で一生かかって究明するような問いを出されても、いったいこの論文で何を問いたいのかがわからない。つまり、

　　①素朴な問い　　　⇒基本文献にもとづいた問にしてほしい。
　　②乱雑な思いつき　⇒しっかり論理推論された短い表現での問いに
　　　　　　　　　　　　絞ってほしい。
　　③雑駁な問い　　　⇒因数分解された問い（幸福＝経済的、社会的、
　　　　　　　　　　　　心理的にわけて）
　①②③の問いを深めて欲しい。

問いのたて方として、仮説検証がある。この注意点は、

　　not おもいつき　　but 論拠のある仮説

である。

　論拠には定量的論拠または定性的論拠がある。定量的論拠には数量的妥当性が必要である。定性的論拠には、一般性、当事者性、公的必然性のバランスが保証されている構造が求められる。バラバラではダメで、類構造を比較して仮説を検討するには論拠が構造化されていなければならない。

　加えて、すべての研究は研究世界だけではなく、その外側の社会のなかに所属している。社会実践、公的意味についても可能な範囲で言及することが、論の位置づけには必要である。

2）方法、用語定義、基本文献、対象の設定

　学問には、問いに対する方法と対象が必要である。

　論文の方法提示、用語定義は、既存研究によらねばならない。だから、論文を書く前には、研究のための基本文献が必要なのだ。もし、方法や定義を独自に設定するなら、基本文献や関連文献をもとに、独自設定する必然と根拠を示した上で、方法、定義を明確に再定義せねばならない。

　逆に、既存方法や用語定義をつかうなら、なぜ、その既存方法を使うのか、用語定義の妥当性を示さねばならない。さらには、既存用語に、若干の独自性を加味するなら、その必然も明示せねばならない。はじめて論文を書く人が、独自の方法（用語）で書くことはかなり難しい。

　論文には、対象設定も重要である。執筆者にとっては、わかりきった対象であるが、初めて読む人にも納得できるように、改めて対象を再定義して説明する必要がある。

　たとえば、双六に関する論文を書こうと思えば、すべての双六を書き出さねばならない。一覧表にせねばならない。この作業のプロセスで、「近

世の盤双六」「RPG シミュレーションゲーム」「人生ゲーム」は、双六に含めるのか、含めないのかが問われる。双六を再定義して、対象を限定するところから、論文は出発する。

　熊野水軍について書こうと思えば、すべての熊野水軍論文を集めねばならない。この作業のプロセスで、近世紀州漁民の移動を含めるのか含めないのか、捕鯨論文を含めるのか、村上水軍の論文を含めるのか、対象の限定が重要となる。

　研究対象は、最初から存在するのではなく、問いをたてた筆者が、再定義することで、対象として表出するのである。再定義された 100 以上ある双六をどのように整理するのか、分類するのかは難しい。迷ってしまう。こうしたとき、安易だが、時代順に整理するのが、一番わかりやすい。年表にして、仮に整理するのである（時系列構造化）。表 5 は「北野山本地区の伝統的建造物（異人館）」38 棟を、竣工年次降順で整理したものである（p.p.45-46）。

　熊野水軍の論文のキーワード整理は、捕鯨関係、漁民移動関係、水軍史関係と分野別に分類できる。関連文献を分類することで、自分が研究しようとする対象が、おのずと限定されてくるのである。

　このように研究がすすんでくると、定義にもとづく仮整理では論じることが難しくなる。研究が次の段階にすすんだということは、問いの精度、思考が深まっているのだから、改めて問いを文章化して考え直そう。文章化すると思考が深まる。そうすると、対象も再定義する必要が出てくる。

　たとえば、すべての双六を対象とするのではなく、人生シミュレーションに関する双六に限定（再定義）して対象とした場合、人生シミュレーションに関する双六の構造を、上がり（ハレ：非日常）、毎回のサイコロ振り（ケ：日常）、一回休み（ケガレ：非日常）のように、民俗学の方法で分析することもできる。歴史上の偉人のみを並べる双六（結果的に全部ハ

レ）は、人生シミュレーションには該当しないから、理由を明示して最初から対象から外しておくのである。

　このように対象の再設定をすれば、人生シミュレーションの双六は、人生儀礼や日常生活を研究する民俗学の方法で分析できる。人生双六を、人生儀礼を扱う民俗学の用語で分類したら分析可能という、あたりまえで、あえて論文にすることはなさそうな結論に思えてくる。

　しかし、論文とは、この（執筆者にとって）「あたりまえ」を、丁寧に、誰にでもわかるように、読んでいて無理なく理解できるように論理的に説明する行為なのである。

　すべての双六を対象として（対象限定、対象の再定義をせず）、民俗学的分析をしようとすると、偉人双六は例外となってしまう。全部の双六を扱い、論じた後から（または論じる前に）例外を示されては、読者は迷ってしまう。論文で論じたのに、論じたしりから例外を示されたのでは、いったい何を論じているのか、読者は困ってしまう。

　論文とは、当たり前を、用語と対象を定義し、論理的に説明することなのだ。

3）構造的な論述方法

　論文を書きだす前に、全体構造を作っておく必要がある。KJ 法の要領である[18]。

　第一に、参考文献や、調査成果の結果を短文、語彙にして、ポストイットカードに書きだす。1 つのカードには、1 つの短文、単語とする。

　第二に、書き出された短文・語彙カード（おそらく 20 以上、100 くらいになるだろうか）を分類して、グループ名を付与する。同じカードが、複数のグループに入る場合は、短文・語彙カードのコピーを作って、異なる章に置いても良い。このカードグループを、章立てに当てはめてみると、論文の骨格ができる。

章立ては、いろいろな書き方がある。以下のフォーマットにあわせて、カードのグルーピングをあらかじめすすめておくと良い。

1　はじめに

　　問題提示（既存文献課題・既存研究成果、現場課題）、対象定義、本論の目的

2　資料分析

　　分析のための対象再定義、対象説明、構造分析をし、分析結果をとりまとめる。

3　全体的な評価

　　歴史的な評価、社会構造的な評価をおこなう。

4　結論（提案を含む）

　　政策的評価を、論文の公的実践性を主張する意味で、述べる場合もある。

　この1～4の章立てに、短文・語彙カードのグループを配置する。各章内が、いくつかのカードグループ（1～数枚）にわかれることもある。これが章の下位概念である節になることもある。このようにして、論文の構造を見える化しておく。その上で、次項のように、書き始める。

　再度注意しておくが、論文は小説や作文ではない。論理数学のような、短文の構造的配置、味もそっけもない羅列が基本である。

4）論文記述の具体例

　以下、具体的な記述の例を示す。

1　はじめに

　　［本論の目的］◎については A・B のような既存研究がある。しかし、□が明らかにされていない。▽が明確ではない。

　　そこで、本論では、▽を詳細に検討し、□について明らかにしたい。

　　［本論の対象］対象の定義を含む

　本論では、未認定・一時滞在者を含めた外国籍住民を「外国籍住民」
と表記する。。

2または3　論点内容の章

　　　　A1はA2である。A1、B1はB2を○している。C1もB2を○してい
　　　　る。よってA1、A2、B1、C1には、○

というふうに書く。

　各章の最初は、本章の概要を、短文で示す。ただし第1章(はじめに)や、
最終章(おわりに、結論)では、概要の短文は必要ない。各章の概要短文は、
必ずしも必要ではないが、まず書いてみることで、本章で何を書くかが
自覚できるので、必要な作業である。論文が完成してから、「くどい」と
感じたなら、後から削除しても良い。

4　結論

　…という結論を得ることができる。

　［本論の社会的公的実践的意味］

　その…は、△に寄与するものと思われる。

　〔付け加え：研究倫理（個人情報保護、人権、情報の対称性、コンプ
ライアンス、著作権など)）

　なお、本論のヒアリング資料の一部に、差別用語、通称、地名、方言等、
バランスを欠く表現が残っているが、必要に応じて注記し、インフォー
マントの発言の趣旨、物語性を損なわない形で残した。また、ヒアリン
グ資料の一部に、個人情報に関わる部分が残るが、当事者をたどれるも
のは、その了解を得、必要に応じて仮名、仮地名を付して、コンプライ
アンスに留意した。新聞記事については、著者のコメント、行動等を含
む最小限度のものを、その事実を確認した著者の判断・記述をもって論
じ、必要に応じて、新聞社に許諾を求めるようにした。

　このような言い訳を、きちっとしておくことも重要である。

　論文は、美しい文章のまとまりではない。わかりやすいことが、第一

である。

　論述とは、明証されたデータの構造、並びである。一定のまとまりごとに「1つのアイデア、または事実を示す」パラグラフになっており、その第一行は一字落としとする。適当に段落を切るのではなく、テーマごとに切るのである。パラグラフ内の短文の数は決まっていない。20行以上のパラグラフは、論理を理解するのが難しい。

　1つのデータは、主語、目的語、動詞からなる短文でできている。初心者は複文を避ける。不要な接続詞は誤解を生む。不用意に「しかし」が連続すると、文旨が理解しにくい。

　「とおもわれる」「とも考えることができる」「と思われる」という表現は、思わない、考えない人もいるので良くない。論理を展開しているのに、最後で「かもしれない」と言われると、読んでいて気抜けする。信用できなくなる。

　引用は、引用箇所を、『書籍名』（著者、発行年、p.p. 数字 – 数字）、または「論文名」（著者、発行年、p.p. 数字 – 数字）、で表示する（この本では、個々の部に独立性があるので、各部ごとに、一括脚注のなかに、引用も入れ込んだ）。

　文末に参考文献一覧を、著者五十音順でつける。別途、参考サイトURLをつける。オンライン上の論文（CiNii などを含む）は、極力、原典論文にあたり、それを紹介する。

6. プレゼンテーションの仕方

　発表会のプレゼンは、構造は、論文と同じだが、目的が違う。論文は論理推論を実証し、読み手を説得せねばならない。プレゼンは、聴衆に理解してもらい、納得してもらうことが目的である。場合によっては、論文の良し悪しとは相関しない。

　プレゼンは、文系では通常、発表・講演という形で10〜20分でなされる。しかし、ビジネスでは、ピッチという形で、5分程度でなされる。関心をもってもらい、納得、共感を得て、投資、連携賛同を得ることが目的である。大学や研究会での発表も、ピッチに学ぶことは多い。

　以下の基本を守る必要がある。

・PowerPointのデザインに、マイクロソフトの既存デザインを使っている発表者は、独創性がない。共感を得るのは難しい。

・スライドの枚数は、発表にかける時間（分）の1〜2倍と考えるべきである。

・文字の大きさは32-28ポイントなどにして、文字数を減らす。色は見えやすいようにし、アニメーションはつけない。論理学術発表のときは、アニメーションはわずらわしい。

・論理展開（問題意識、方法・対象・定義、分析、結論）がわかるように、各スライドにタイトルをつける。

・パッとみてわかる程度にする。

・全スライドのフッター・ヘッダーに、スライド番号、日付、タイトル名を入れる。配分資料にも頁番号をつける。

・必要に応じて、写真を入れ、図化する。小さい写真は訴える力がない。

・最後に参考文献を入れる。

・プレゼンテーションでは、スライドの前に、自己紹介、お礼を短く

述べる。発表の最初に、訂正箇所を言うのは、言語同断。これから話を聞こうという聴衆に失礼だ。

・発表時間に余裕をもたせ、最後はスライドをとめて、熱を持って語りを見せることで、説得力を高めることができる。

以下は、その見本を、配布物で提示する。

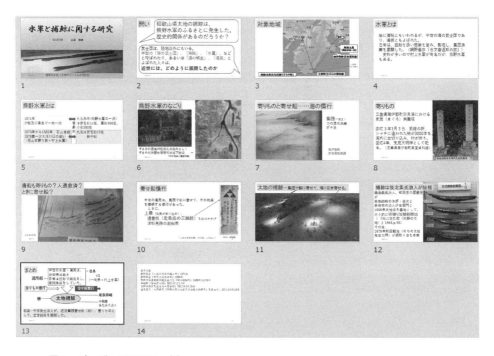

図3　プレゼンPPTXの一例

●コラム「ゼミ生から学ぶ」　　　　　　　　　　　　　鈴木　遥

　私は 2022 年度、教員としてはじめて自分のゼミ生を持った。学生は 3
年生で、自ら私のゼミを志望してやってきた子たちだ。これらの学生は、
卒業するまでの 2 年間、私のゼミ生として過ごし、卒業研究を行う。学生
と過ごす時間はまだ始まったばかりだが、そんな中でも様々に考えること
があった。以下では、はじめてゼミ生を持つ中で私自身が何を考え、何を
学んできているのか、その一旦を記してみたい。

　大学によって、また学生が専攻する学科によって、ゼミの規模などは大
きく異なると思われるが、私のゼミの場合は、教員一人に対して 20 名弱
のゼミ生がいる。学生は、週一回のゼミの時間に教室に集まり、主に、文
献を読んだり、個々人の興味に関して調べたことを発表したり、他のゼミ
生の発表を聞いて意見を交わしたりなどの活動を行っている。私のゼミで
は、3 年生の段階での学びの大きな目標は、卒業研究に向けて学生自身の
問いを育てることとしている。

　当たり前かもしれないが、ゼミには教員と学生という権力構造がある。
また、ゼミは大学におけるカリキュラムの一制度という側面もある。しか
し、私は、学生が過度にこの権力構造を感じることなく、また制度として
凝り固まることなく、ゼミを、共に学ぶ雰囲気のある場にしたい、と考え
ていた。そのような雰囲気はどうすれば作り出せるのか。色々と考えを巡
らせ、最初の頃は悩んでいたのだが、ゼミで学生を観察する中で、少しず
つ方向性が見えてきた。ゼミで学生を観察していると、それぞれの学生は
それぞれのやり方で自分とゼミとの関わり方を探っていることが分かって
きた。すべてはごく小さなことだが、例えば、ゼミがはじまる前に少し早
く教室に来て、他のゼミ生と言葉を交わす子がいた。また、ゼミ中に発言
を求めても何も言わない学生がいて、改めて話をしてみると、質問はない
けど自分の関心事と他のゼミ生の関心事の関連を考えていたという。ゼミ
とは、他者との交流や交渉、協働などを通じてこのような小さな変化を学
生の中に起こし、学生自身を取り巻く社会や文化との関係の中で学生が自
らの考え方を育て、アイデンティティを作っていく、そんな場なのだ。

ゼミで学生と接することによって最も変化したのは、私自身かもしれない。私事で恐縮だが、私は、ここ数年の間に子を産み母となり、また大学で教員としての仕事をはじめ、社会の制度の中にいる自分をこれまで以上に感じるようになっていた。一方で、学生ももちろん、大学生として、そして大学外でも様々な立場で社会と関わり、自らの社会的立場を感じながら生活をしていると思う。ゼミの場でも、卒業研究は将来就きたい仕事に関連させたテーマでやりたいと口にする子がいるなど、皆それぞれに社会との関係を意識して考え、行動している。しかしながら、私の目には、学生がゼミの活動の中で伸び伸びと自分の興味や関心について語り、質問をし合う様子が、とても自由で、新鮮に映る。そして、学生と接する中で、私自身の考え方が広がっていく実感がある。ゼミという場は、ある程度社会との関係に規定されるものではあるが、その場で他者の話を聴き、対話し、協働する、これこそを大切にする場であり、注意が払われるべきなのではないだろうか。そこには学生も教員も関係なく、他者とともに新しい自分を創りあげていく、そんな空間がどこまでも広がっているのだと思う。

　参考文献　　田辺繁治(2003)『生き方の人類学　実践とは何か』講談社.

【注】

(1) 佐野眞一『旅する巨人　宮本常一と渋沢敬三』文春文庫、2009年

(2) 宮本常一『宮本常一著作集第3巻』未来社、1967年

(3) 孔子『論語』岩波文庫、1999年、p.84

(4) 網野善彦『古文書返却の旅』中公新書、1999年

(5) ファイル名冒頭の200717は、ファイル作成期日2020年7月17日を示している。

(6) 学生レポートは、授業のふりかえりとして優秀作をブログで匿名公開することを前提とし、次の授業での復習（前回のふりかえり）にあててきた。内容的に個人情報がないことを確認して公開してきた。

(7) 交通地獄だと、歴史、民俗分野の「交通」や「地獄」のキーワードを含む「交易交通」や「地獄絵巻」など、すべての論文が検索され、目的は得られない。中尾が模索したように、交通事故なら、子ども・児童・交通事故など、対象に対する具体的な単語で検索する必要がある。

(8) ニューヨーク大学のデジタルマーケティング講座バズ部「まだ誤解されがちなストーリーテリング　その本質と実践のコツとは」https://bazubu.com/storytelling-35626.html

(9) 呉座勇一『陰謀の日本中世史』角川書店、2018年

(10) 菅谷克行「読書媒体の違いが読解方略に及ぼす影響」『茨城大学人文学部紀要　人文コミュニケーション学科論集』20、2016年、p.p.101-120

(11) 内閣府第5期科学技術基本計画（平成28〜平成32年度）による。

(12) 井上智洋『人工知能と経済の未来―2030年雇用大崩壊―』文春新書、p.160

(13) 宮本常一著作集18『旅と観光』未来社、1975、p.335。谷沢明「宮本常一の観光文化論」『現代社会研究科研究報告』4、2009年、p.p.1-16。

(14) 宮本常一『民俗学の旅』講談社学術文庫、1993年、p.p.36-38

(15) 阿部和也「宮本・安渓『調査される迷惑』2015年2月5-8日」『阿部和也の人生のまとめブログ』http://cazz.blog.jp/archives/10948922.htmlと同 10948925

(16) 森栗「共創まちづくりの「仮説」提案」『実践政策学』4-1、2018年

(17) 参考：「長田人の発見」・ルネサンスのために―震災越える道標『神戸新聞』1995年4月18日（朝刊）https://kurimori2007.up.seesaa.net/image/19950418_E995B7E794B0E4BABAE381AEE799BAE8A68B.pdf

(18) KJ法は、断片的な情報・アイデアを効率的に整理する目的で用いられる手法。一般的に、カード状の紙（付箋）に1つ1つの情報を記し、そのカードを並べ変えたりグルーピングし名称を付与して情報を整理する。KJ法は、1967年、文化人類学者である川喜田二郎氏が著書『発想法』において、「効果的な研究・研修方法である」と

紹介したことで広く知られるようになった。（東大ICP　https://www.utokyo–ipc.co.jp/
column/kj–method/　に加筆）

第Ⅱ部

科学技術と人文学

1. 科学技術の安全と受容

1)「物語る」ということ

人文学で扱われる物語とは、人間社会にとって、いったい何であろうか。野家啓一『物語の哲学』[1]第一章「『物語る』ということ－物語行為論序説」を参考に考えたい。

「物語行為」とは、出来事、コンテクスト、時間系列という要件を備えた言語行為である。われわれは記憶によって洗い出された諸々の出来事を一定のコンテクストの中に再配置し、さらにそれらを時間系列に従って再配列することによって、ようやく「世界」や「歴史」について語り始めることができる。物語とは、モノコトの「知覚体験」を、象り「解釈学的経験」に変容させることである[2]。人間は「物語る動物」なのであり[3]、人文学は物語から人間をとらえようとするものである。

「生活の真の姿」は（内面／外面の）「写実」にではなく、常民の「眼ざめて見られる夢」の中にこそ映し出されているはずである。それゆえ、真実は『語る（誠実に伝えたいこと）』ことと『騙る（話を意図的つくりかえる）』ことの間にある[4]。

しかし、その「知覚体験＝経験」とは、瞬間的な感覚やすぐ忘れてしまうような知覚ではない。「自己の行為とその結果との非可逆的な因果関係を通り抜ける」という時間的広がりの中で獲得されるものである。経験は時間的広がりの中で、記憶としてとどめられる。それは「関係了解」という文脈的理解に支えられている[5]。経験を伝承し共同化する言語装置を『物語』と呼ぶのである。

物語は、テキストとしてそこにあるのではない。関係了解の文脈的理解のなかで、語られ、聴かれ、読み込まれ、可変的に相互理解されていくプロセスのなかにある。近代国家の科学技術政策のなかには、政策的物語があり、2011 年の東日本大震災・福島原発事故以後には、これまで

の科学政策と異なるポストフクシマの物語がある。原発事故以後の科学技術物語は、どのような関係了解の変化のなかで再構築されるのであろうか（関係了解については「第Ⅳ部 2. 物語の記述方法」（p.p.179-195）で詳述）。

2）科学技術とは

　現在、「科学技術」という言葉は、「科学に基礎を置いた技術（science based technology）」という意味でつかわれることが多く、17 世紀以降の近代科学の上に、「科学技術」が登場するのは 19 世紀後半から 20 世紀にかけてである。

　科学技術は、軍事からはじまった。第一次世界大戦における新たな軍事技術（戦闘機，潜水艦，戦車，毒ガス等）の開発は、国家が科学技術開発の主導権を握るきっかけとなった。アメリカでは、科学者・技術者を総動員して原爆開発（マンハッタン計画）が押し進めたられた。原子力開発こそ、科学技術の基盤であった。戦後アメリカの科学技術政策は、このプロジェクトの成功をもとに、その軍民転換を図った。アポロ計画、がん撲滅計画、平和のための原子力 [6] が政策としてすすめられた。

3）　3・11 以後、科学技術神話が崩壊した

　神話とは、経験にもとづく、根拠なしに、信じることを前提として語られる物語のことである。原子力発電が安全であるとか、経済的であるといわれてきたのは、2011 年の東日本大震災での福島第一発電所の爆発以前の科学技術神話であった。

　科学技術神話とは

　　　　①価値中立神話

　　　　②安全神話

　　　　③信頼神話

により、絶対安全との思い込みを作ったものである。2011年の福島原発

事故以後、この神話が崩れた。福島原発事故の原因が議論されたとき、多くの電力会社・技術者・政治家から「想定外」の要因（地震、津波、連続的爆発など）が述べられた。「想定外」は、当時の流行語になった。確かに、原子力神話の外であるから、「想定外」と表現したのかもしれない[7]。

①価値中立神話

3・11以前、科学は、善悪裏表、両刃の剣であるから、理性的運用をすべきである、または、科学の理性的運用が可能であると考えられてきた。しかし、現代科学技術は、多くのサブシステムを包括した巨大な社会システムであり、複雑で多様なメカニズムで動いている。人間には、その影響や帰結を見通すことは著しく困難である。有能な科学者といわれ、それを自負している人にも、この巨大な社会システムの理性的運用は不可能である。それゆえ, 善意の企図から出発した科学技術の利用が、ときとして意図せざる災厄をもたらすのである。ゆえに、科学技術に関する価値中立神話は成立しない。

②安全神話

2011年までは、原子力は「安全・安価・クリーン」な、夢のエネルギーといわれた。原発事故のあった福島県双葉町には、1988年に「原子力 明るい未来のエネルギー」という標語が公募認定され、事故後の2015年まで商店街の道路に掲げられていた[8]（図4）。

福島原発事故を経た現在、「安全・安価・クリーン」といった言説をまともに口にする者はいない。その神話に自縄自縛になることによって、電力会社は必要な安全対策を講じてこなかった。それを「想定外」と言ったのである。ゆえに、②安全神話は成立しない。

③信頼神話

20世紀の科学技術の登場以来、今日ほど、「政治と科学に対する二重の不信」が高まっている時代はないとして、野家は以下のように述べる。

図4　福島県双葉町にかかっていた原子力に関する看板
（「かさこ塾かさこブログ2ちゃんねる」https://kasakoblog.exblog.jp/18274974/より）

　科学または技術と社会との相互作用の過程で生じる係争点の多く−例えば，技術の有害な副作用、あるいは社会問題を科学の手続きで処理しようとする試み−では、科学に問いかけることはできるが、科学によって答えることのできない諸問題があり、この回答を未決のままにしておく。野家はこれらの諸問題に対してトランス・サイエンス的という術語を提案する。それらは認識論的に言えば事実に関する問題であり、科学の言葉で述べることができるのだが、科学によっては答えられないからである。つまり、それらの問題は科学を超え出ている[9]。

　科学研究が科学者コミュニティの内部でのパズル解き「同僚評価（peer review）」に留まらず、新たな社会的課題に直面しているが、科学は、科学の抱える社会問題のすべてに答えることはできない。このような問題状況を、ポスト・ノーマル・サイエンスという。加えて、科学技術研究に巨額の国家投資がなされている以上、研究成果については社会的な「説明責任（accountability）」が求められる。

　結局、科学には専門外からの評価、市民評価が求められている。科学は、今、③信頼性の危機にたっており、市民とともに新たな物語を創造せね

ばならない。

4）　未来社会への責任

　たとえば、安全科学は、その技術のみならず、安全科学の「安全」とは何か、安心とどう異なるのか、社会に説明し、市民評価によって科学技術を点検、価値づけせねばならない。表5は、危険、リスク、安全、安心の論理的整理であるが、リスクを計測し信頼性を高める議論なしに、技術開発をすすめたり、政策決定をしてはいけない。安全であっても、安心でないケースもあれば、危険なのにリスク管理せず安心している場合がある。実のところ、科学技術者も政治家も市民も、誰も「安全と安心の違い」を意識することなく、充分な評価なしに、技術開発が実践され政策が決定されることも少なくない。

表5　安全と安心、危険とリスクの相関関係

危険 自然現象、避けられない。	リスク…事故などの人的災害であり、人間自身の自由な選択や意志決定に起因する。こちらの方は近代社会に特有の事象であり、制御することはかなりの程度可能である。
安全 「損害の発生確率×損害の大きさ」計算できる。	安心 心理要因ではなく、信頼性の社会要因

　ほかにも、環境汚染、化石燃料の蕩尽（地球環境の持続可能性欠如）、高レベル放射性廃棄物の処分など、多様な課題が我々のまわりにあるが、安全と安心を考慮し、『未来への責任』（ハンス・ヨナス）[10] をもって、考えねばならない。

●コラム　科学に対する価値の変化　　　　　　　　　　　福島あずさ

　2011年の東日本大震災では、原子力発電所の大きなリスクが顕在化し、新型コロナウィルス感染症のパンデミックでは、これまでの暮らしとは全く異なる「新しい生活様式」が提唱されるようになりました。こういった社会における大きな価値観の変化が起こると、それ以前に主張されてきたことやそれに関わる学問（特に科学）を「信頼できない」と考えるようになるのは当然のことのように思います。

　科学史を紐解くと、ある学問や学説に対して、社会的な評価が揺れ動くような出来事はいくつもありました。有名なのは地動説や進化論といった学説で、キリスト教の宗教上の教義と相入れないことにより、キリスト教社会で否定され続けました（漫画『チ。－地球の運動について－』には、フィクションではありますが、地動説をめぐる人々の葛藤が描かれています）。このように学問や学説が、その時代の社会やコミュニティの価値観に応じて評価されたり、されなかったりすることがあります。それでは、価値観にそぐわない学問は、学ぶ意味さえもないのでしょうか？

　そもそも、学問としての「科学」（ここでは「科学技術」と使い分けたいと思います）は本来、価値の扱いを含まない人類の知の体系であるはずです。地球には重力がある、大気がある、地表面の気圧はおよそ1013hPaであるなど、その多くが事実で裏付けられた事柄で構成されています。ただし近代科学は、長い歴史の中で先人たちによって唱えられてきたさまざまな学説を「否定」しながら、新たな知の体系を構築してきました（例えばLawrence（2014）『科学革命』）。したがって今後も知識の「否定」が起こらないとも限りません。つまりこの知の体系は、今後ずっと変わらないわけではなく、現時点において最も信頼できる知識体系といえます（だからこそ科学は「最先端」を学ぶことが重要です）。

　このような科学の知に「価値」を付け加えるのは人間です。人間は長い時間をかけて得た知の体系を使って、社会の役に立つ技術を開発・活用しています。原子力はその典型でしょう。このような技術は、役に立つ間は肯定的な「価値」が与えられますが、もしそれが人にとって害をなすもの

であれば、否定されて使われなくなったり、リスクを制御するための研究が進められます。古代に提唱された天動説も、それがたまたま中世ヨーロッパ社会に不可欠な宗教上の教義の「役に立つ」考えであったから、人々に受容されていたと考えられます。

　つまり、変化しているのは人間の価値観であり、科学の知は、人間社会の価値観の変化に対し、柔軟に適応できるような判断基準や、ブレイクスルーをもたらす知識を提供するもの、と捉えるのが適切ではないでしょうか。例えば、新型コロナウィルス感染症の対策で換気をするとき、室内の二酸化炭素濃度を測って指標とする場合があります。地上付近の大気に含まれる二酸化炭素は（大気中の他の気体を含めた構成比に対して）約 0.03%、100 万分の幾つであるかを表す割合の単位「ppm」を使えば、300 ppm と表されます。二酸化炭素濃度計を買ってきて計測した時に、この程度の濃度であれば問題なしと判断できます。一方で 1000 ppm を超えるような値が観測されれば、人が多くいて空気の滞留した環境が予想されるため、積極的な換気が必要になるでしょう。このことは、大気中の二酸化炭素濃度の知識だけで簡単に判断できます（ちなみに、かつて地球大気中の二酸化炭素濃度を測ろうと奮闘した先人たちは、このように知識が応用されることを予測して研究していたわけではないでしょう）。

　一方で、そもそもなぜ換気をする必要があるのかは別に考えねばなりません。それはそこにいる人が病気にかからないため。ここでの換気とは、多くの人間がそれがよいと望む世界を実現するための行動であり、そういった世界を望むかどうか、がその時代の社会における「価値観」であるといえるでしょう。

　科学（学問）は、社会の価値観に合った判断をするために必要な知識を提供し、さらにはその価値観そのものについて考えるための材料にもなります。ですから、科学の知が社会の中でどういう価値観に結びついているのか、学ぶ人自身が「知って」いるかどうか、つまりその知を活用できるかどうかで、学ぶことの意味は大きく変わるのです。

魚豊（2020 ～ 2022 年連載）『チ。－地球の運動について－』BIG SPIRITS COMICS, (1) ～ (8), 小学館.

　Lawrence M. Principe, (訳) 菅谷暁, 山田俊弘 (2014)『科学革命』サイエンスパレット 019, 丸善出版.

2. 社会的受容研究はなぜ必要か

1）科学技術と社会

　新技術の社会的受容とは、リスクとベネフィット、安心・安全のマネジメントによってなりたつ。

　ここでは、最初に、神里達博「情報技術における ELSI の可能性」[11] を参考に、新技術受容におけるリスクマネジメントや、社会的評価、社会や政策の対応を技術史的に観望し、「夢の技術」と言われている技術についても、自動運転や情報技術のおかれた時代史的状況について述べ、「夢物語」の構造を明らかにしたい。

　次に、安全と安心、リスクマネジメントに関して、新宮秀夫の「安全と安心：技術と心理」（新宮 2001 以降）を参考に、物理学を基礎とした論理学的検討を紹介する。その上で、科学技術の社会的受容研究の意義を考察する。

2）歴史論として

　「情報技術における ELSi の可能性」に、都市計画や、環境、公害課題など日本および日本社会に影響をおよぼすであろう世界の出来事も加味して、「表6　新技術受容年表」を作成した。

　第二次世界大戦後、アメリカ合衆国（以下、米国と称す）の圧倒的な力により、国家による科学と技術の進展が爆発的な生産を生んだ。戦災復興を急いだ日本では 1950 − 60 年代に、産業技術による大量生産を実施したが、深刻な公害被害とそれに対する裁判があり、公害対策基本法が定められた。

　一方、米国の都市計画では、開発技術をもとにした高速道路、高層ビル、スラムクリアランスが進められたが、その開発の頂点である 1960 年代初頭に、都市開発に対する懐疑を示す著作 J. ジェイコブズ『アメリカ都市の死と生』[12]、環境汚染をえがいたレーチェル・カーソン『沈黙の春』が

77

表6　新技術受容年表

時期	事項	評価	対応
1945-65年	マンハッタン計画…国家による科学と技術が莫大な生産力に結びつく（米国）	科学技術万能	
1950-60年台	公害問題（日本）	4大公害裁判	公害対策基本法(1967年) 環境基本法(1993年)
1960-70年台	J.ジェイコブズ『アメリカ都市の死と生』1961年。レーチェル・カーソン『沈黙の春』1962年	科学技術、都市計画への懐疑、	DDT禁止、環境保護庁（ケネディ大統領）
1965-75年	ベトナム戦争での枯れ葉剤散布		
1972・3年	ローマ・クラブ『成長の限界』1972年。石油危機。	科学技術に基づく産業主義、産業主義に基づく科学技術への懐疑	テクノロジー・アセスメントM.シューマッハ『small is beautiful』1973年
1975年	アシロマ会議（28か国140人4日間：DNA操作る議論）		
1980年台	ハイテク（半導体、新素材、バイオテクノロジー）の輝き　（レーガン大統領）	科学技術への弱い過信	
1989・90年	冷戦の終わり(89)／地球環境問題（90）。軍用インターネットの民間転用	科学技術への弱い不信	
1990年	米国国立衛生研究所HIH　ヒトゲノム計画（高度のプライバシー情報）		議会公聴会でELSi 3％ルール（1989年）
1990年代後半	BSE対処の失敗、遺伝子組み換え、クローニング	科学技術への不信	
1995-2008年	遺伝情報差別禁止法（提出～大統領署名）		
2000年	ブダペスト会議		社会における科学、社会のための科学
2003年	カルタヘナ議定書		遺伝子組み換え生物等の使用等に関する生物多様性確保に関する法律(2004年施行)
2000年以降	IT進展 ➡公害や巨大事故、環境問題は引き起こしていない	テクノユートピア	EU　RRI（責任ある研究・イノベーション）：期待・ニーズ・懸念を共有。Horizon2020　で人文社会科学に対し新しいイノベーションreframingを期待。日本政府第5期科学技術基本計画（2016-2020年）

ベストセラーになった。1972 年、ローマ・クラブ『成長の限界』が発表
されると、開発に関わるテクノロジー・アセスメントが重要な課題となっ
た。こうしたなか、1975 年、遺伝子操作に関して、深刻で真摯な会議（ア
シロマ会議）がなされた。

　にもかかわらず、1990 年代後半、BSE（牛海綿状脳症）対処の失敗も
あって、遺伝子組み換え、クローニングに関する不信が高まり、米国で
は 2008 年遺伝情報差別禁止法が大統領署名された。こうしたなか、「社
会における科学、社会のための科学」という考えが世界中で一般化され、
EU の「Horizon2020」では、SSH（人文社会科学）に対して、新技術開
発に際しての役割として、①モニタリングのみならず、②イノベーショ
ンのためのリフレーミングが示された。

　しかし、HELPS（哲学 Humanity、経済学 economcs、法学 law、政治
学 Politics、社会学 Sociology）の連携によるマルチステークホルダーア
プローチと言いながら、実際には、そうした学術融合は、大学の技術者
主導であり、融合はすすんでいない [13]。また ELSi（倫理的法的社会的な
課題）がいわれるものの、日本では新技術開発における法的適合性にの
みに議論が集中する傾向にあり [14]、社会的な課題は抽象論で終わり、十分
考慮されてこなかった。

　こうしたなか、国の「第 5 期科学技術基本計画」では、

　　① ステークホルダーによる対話・協働
　　② 共創に向けた各ステークホルダーの取組
　　③ 政策形成への科学的助言
　　④ 倫理的・法制度的・社会的取組

がうたわれ、新たな科学技術の社会実装に際しては、国等が多様なス
テークホルダー間の公式又は非公式のコミュニケーションの場を設けつ
つ、倫理的・法制度的・社会的課題について人文社会科学及び自然科学
の様々な分野が参画する研究を進め、この成果を踏まえて社会的便益、

社会的コスト、意図せざる利用などを予測し、その上で、利害調整を含めた制度的枠組みの構築について検討を行い、必要な措置を講ずるとなった。

　しかし、DNAに比べ、情報技術では、今のところ命に関わるような大きな事故課題もなく、日本では「技術ユートピア」ともいえる、素朴なAI万能論、人工知能論への期待が長くはびこってきたが、近年、GAFA[(15)]の情報独占や、閲覧履歴の商業利用に関する事故（リクルートの就職活動内定辞退者の追跡データの横領事件）などもあり、情報技術に関する、新たなSSH（社会科学・人文科学）の必要が待たれる状況となっている。

3）都市計画史として

　都市計画の歴史からみると[(16)]、20世紀、近代化による都市化、人口集中が引き起こすスラムの密集簡易住宅、衛生課題、環境悪化、いわゆるインナーシティ問題は、1930〜1960年にすでに流行病、治安、教育など、広義の衛生問題として深刻化し、イギリスでは、郊外に理想都市をつくる田園都市が模索された。フランスでは都市計画は上下水道の整備による衛生工学から出発した。パリではル・コルビジェが、1930年「輝ける都市」として、ゾーニング（用途地域区分）と高層ビル、その余地の緑化によるパリ改造試案を発表した。こうして、1933年、アテネ憲章で、面的整備、用途地域制限、道路整備による機能主義的都市計画が国際的に合意された。

　一方で、アメリカでは1930〜60年代、ニューヨークで人口が倍増し、住宅不足、トイレさえない住宅や車が入らない道路など、インフラ未整備のインナーシティに移民が流入した。さらに、戦後復興によるアメリカ経済の絶頂期、中産階級が郊外一戸建てに移転し自動車中心の消費社会が確立した。転出に伴う遺棄と荒廃、治安悪化、転出のスパイラルがあっ

た。都心は魅力的ではなくなった。アメリカ大都市は死んでいた。

　この機能主義的限定合理性に疑問をなげかけたのが、1956年、ハーバード大学で開催された第1回都市デザイン会議である。会議には、ニューヨークのスラムクリアランスと摩天楼・高速道路計画をすすめていたモーゼス[17]や、ヨーロッパの都市計画家が結集していた。この会議で近代的都市改造に異議を申し立てたのが主婦でライターであったジェイン・ジェイコブズであった。彼女の執拗な開発への異議にデザイン会議の都市計画専門家は冷やかであったが、主催者ハーバード大学の客員教授であったルイス・マンフォードが、ジェイコブズの異議に理解を示した。この議論がきっかけとなり、ジェイコブズは1961年、『アメリカ都市の死と生』[18]を著した。同書は、彼女が「路上のバレエ」と呼んだ都市に住む人々の生活と歴史を描き、その価値を提案し、世界の都市計画を変更させた[19]。

　第1回都市デザイン会議に出席したヨーロッパの都市計画家は、世界都市デザイン会議以後、都市計画の変更に努力した。具体的には

　　1962年（仏）マルロー法　歴史的町並み保全。

　　1969年（英）住居法　歴史的町並みの改修による歩行者優先用途混在都心居住の復活。道路から時間的に自動車を締め出した歩行者街路が整備された。また歴史都市保存調査レポート（バース、チェスター、ヨーク）が実施され、用途分離、道路整備、再開発ではなく、用途混在都心居住、歩行者中心、歴史町並み保存のまちづくりがすすんだ。

　　1965年（伊）ウルビノ再生計画　デ・カルロなどにより、歴史的町並みでの居住計画といった、ポストモダンの都市計画が伸展した。

　米国でもアーバンデザイン運動がおこり、デンバー、サンフランシスコ、ボストンなどでは、都心の活性化のため、歴史的まちなみの保全が行われ、徒歩や公共交通が優先された。トランジットモールや鉄道の再

表7　欧米日の比較都市計画史

年	欧州(全般、英、仏、伊)	米　国	日　本
1902	ハワード『明日の田園都市』低密度、グリーンベルト、用途ゾーニング		
1922	コルビジェ「300万人都市」、1930年「輝く都市」、パリ改造計画		
1933	CIAM(近代建築国際会議)アテネ憲章採択(用途分離、道路開発、再開発)		
1930–1960		(ニューヨーク)インフラ未整備のインナーシティに移民が流入	
1947	(英)都市・田園計画法　郊外の理想の住まいに商店主も市民も移動。旧市街荒廃を総合開発地区として再開発	連邦住宅法	
1940–50年代		都市人口停滞	
1948		都市更新法	
1950年代	(英)スクラップ&ビルドvs シビック・トラスト		
1950年代		郊外一戸建てクルマ中心の消費社会。都心は荒廃、治安悪化、転出のスパイラル。	
50年代後半–60年代		都市人口減少⇒スラムクリアランスと再開発	
1956年		州高速道路法	
1956年5月	(伊)デ・カルロ(1965年ウルビノ再生計画)第一回アーバンデザイン会議出席。ジェイコブズに注目	第一回アーバンデザイン会議(ハーバード大学)　ジェイコブズ、フロアから近代都市計画批判。※	
1956年8月	第10回ドブロニク会議　CIAM(近代建築国際会議)事実上の解体。以降、多くの国で都市計画制度が見直された		
1958		J・ジェイコブズ「ダウンタウンは人々のもの」「特集　爆発するメトロポリス」『フォーチュン』誌	
1961		『アメリカ大都市の死と生』刊行	
1962	(仏)マルロー法	R・カーソン『沈黙の春』刊行。ルイス・マンフォード、J・ジェイコブズを論証なしに批判(「都市癌の家庭療法」『ニューヨーカー』)	
1967	(英)シビック・アメニティ法		

年	欧州(全般、英、仏、伊)	米 国	日 本
1960年代		(デンバー)再開発反対運動と住民参加、全面見直し　歴史的町並み保全、(ニューヨーク)ジェントリフェケーション、ディスプレイスメント	
1968	(英)都市・田園都市法改定 ※2	(ボストン)スパーブロック、高層住宅、低層商業地、公開空地広場、再開発を止め ⇒古い建物の修復保全、税制優遇の結果⇒ウォーターフロント倉庫活用、コンバージョン	新都市計画法(1933年アテネ憲章のまま)　※3
1969	(英)住居法　歴史的建物の修復居住誘導		
1971		(サンフランシスコ)アーバンデザインプラン 1971歴史的町並み・建物保存、都市景観、住民参加	
1973		(ボストン)高速道路地下化構想 →2006年地下化完成、緑道と都心居住集合住宅	
1981		(デンバー)中心市街地のトランジットモール	
1998	新アテネ憲章　4年ごと改定		中心市街地活性化法(区画整理、道路整備、再開発)※4
2006年6月		J・ジェイコブズ死亡。「ウォリストジャーナル」等追悼記事	J・ジェイコブズに対する追悼記事なし
2009		(デンバー)市民主導のアーバンデザインプラン	
2010年代		(サンフランシスコ)半世紀経過し、歴史的町並みを生活街として保全、公共交通網(BART,バス網)	

※1:モーゼスもいた。客員教授ルイス・マンフォードがジェイコブズに共感し理解が深まる。
※2:歴史的建物の保全を軸として用途混在、修復型まちづくり
※3:用途分離の土地利用計画、道路・公園等都市施設計画、再開発面的整備
※4:新アテネ憲章に対する不信不明が主流(都市環境デザインセミナー、1999年第1回記録)

生、LRT 建設が、単なる交通土木計画視点ではなく、アーバンデザインとしてすすめられた。

ニューヨークでは1966年、ジョン・リンゼイ市長のもとに行政部門の改革により、新たにアーバンデザイングループができ、デザイン誘導制度（アーバンパーク、アーバンプラザ、ブロック貫通ギャレリア）が実施された。

ハーバード大学では、建築、ランドスケープアーキテクチュア、都市計画デザインを統合し、1960年、1年制の Harvard University Graduate School of Design ができ、University of California, Berkeley でも College of Environmental Design ができた。都市デザインの教育コースは都市の楽しさ、美しさを、多様な議論のなかから指導してきた。

日本では、1968年に、新都市計画法が施行されたが、用途分離の土地利用計画、道路・公園等都市施設計画、再開発面的整備が踏襲され、基本的には1933年アテネ憲章のままの制度設計であった。スーパーブロック、中高層住棟で広いopen spaceをとり、歩車分離する都市整備がすすめられた。その結果、林立する超高層ビル計画、車の群れ、廃れた地方商店街、空虚化した郊外住宅など、都市問題が山積するようになった。

こうした動きをふまえ、1998年、新アテネ憲章が出された。その方向は、住民参加、継続性、多様性ある生活、健康などが指摘されているが、日本の都市計画家には、「（新アテネ憲章が）何をせよといわれているのかわからない」というとまどいもあった[20]。歴史まちなみ、都市居住の都市環境デザインは、世界では実施段階であったが、日本では模索段階にとどまってる。

4）認識論として
(1)安全の証明
安心・安全の科学技術論について、物理学者新宮秀夫の記述から、以

下にまとめる。新技術の安全を高めるために、新しい技術を開発して、「安全宣言」を出し、人々に安心を求めようという議論があるが、「2－1 科学技術の安全と受容の物語」（p.p.70-74）で述べたように、論理的には不可能である。いかなる技術を開発したとしても、自己の技術に関して絶対安全であると自己言及することは、それ自体証明できない。「私が正しいから、私は正しい」という自己言及のパラドックスであり、無効である [21]。安全でない証明はできても、安全である証明は、神様でもない限り不可能である。

　ただ、数理技術的には、DN（デボラ数）が1を越えていれば、

　　　DN＝緩和時間／観察時間　　DN>1　　（緩和時間：システムが有効作動時間）

として、ある程度、安全であろうといえる。すなわち、安全のためには、膨大な観察時間、または、有効期限が長い技術が必要であるということになる。現代医学薬学の場合、その有効期限は5年程度といわれるから、その場合は5年程度の観察が必要であろう。「EBMとNBM（p.p.95-97）」にあるように、医学エビデンスの耐用年数もも5年前後である。

　しかし、原子力発電など社会的な議論がより必要なインフラの場合、その緩和時間は長く、観察時間も極めて長い。結局、原発の安全宣言は極めて難しい。しかも、必要な観察、説明の努力をつづけても、経過年数を経てくるとその効果（信頼）が効率的には上がらない（図5）。一度事故でもあろうものなら、極限まで信頼を失い、その社会的受容（信頼）回復は、論理学的にはほぼ不可能であることを知ったほうがよい。つまり、社会的受容とは、技術を何とか受け入れてくれる環境ではなく、限りなく事故がない安全と認識される状況、たとえていえば半世紀以上高速で走りながら誰も事故死していない、日本の新幹線のような状況を言うのである。

(2) 安全と安心

　前節で、安全と安心について分析したが、何をもって安全とするかは難しい。ゆえに安全を宣言するのはかなり厳しい。しかし、人はなぜ、これほど安全を宣言することが難しい技術開発をするのか。技術を使って、必要もなく観光だとか言いながら、高速で移動したいのであるか。

　　　　小人閑居して不善をなす（『論語』）

　人は、何もしないことが最も安全である。しかし、人は絶対安全とはいえなくても、何かをしたい。安全かどうかわからない「より安全らしい」技術を開発し、「より安全（らしく）」他の人に使ってもらうために、嬉々として努力する。人は安穏な生活に浸っていては安心できない。安全であるために何もしないでいると不安になる生き物である。仏教的には業（カルマ）である。いわば、安全と安心の間には相反性があるのである[22]。

　もし、安全度を横軸に0〜1とおいたとき、安全度0と対極の安全度1は、限りなき不安である。より安全度を高めた安心点が、必ずあるはずである。この点が社会的な受容であろう。（図6）

　今度は、社会的な欲求水準（今回は自動車の保有）を横軸においた場合（図7）、社会的な豊かさをどのように表現できるか。これも同様に、自動車のない社会は限りなき厚生水準の低減であるが、自動車だけに依存する社会もこれまた、地球環境への負荷、地域での渋滞や相互のコミュニケーション不足、個人の健康にとって厚生水準を落とすことになるかもしれない。適度に自動車を利用して、かつ厚生水準を最高にする最適点が、これまたあるはずである。

　エネルギーの場合はどうであろうか。物理学者である新宮秀夫によれば以下のようになる。

　　U（感覚）＝ $k \log S$（エネルギー）＋h（k・hは定数）[23]

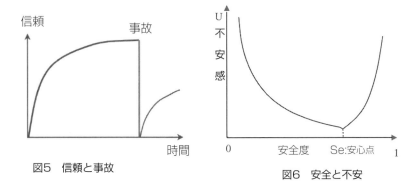

図5　信頼と事故

図6　安全と不安

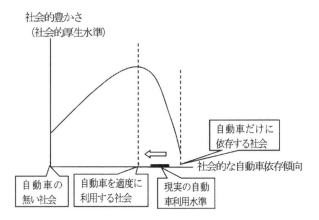

図7　自動車の有無と社会的厚生水準

　この式の元は、空気・水などの流速と、圧力との関係式であるが、人間の満足：(U) を２倍にしようと思えば、２×２のエネルギー（物理量）が必要だ。経済で言えば、効用 U は、供給の二乗に比例する。S が０のときには、U は－∞となり、計り知れない不安を示す。

　逆に言えば、S = exp (U) で、エネルギーを増やせば増やすほど、ありがたさ (U) は低減する（限界効用の低減）。限界効用の大きいとき（幸福感覚）、供給 S は少ない。不満足は幸福の起源ともいえ、すなわち「幸

87

福と満足の相反性」が存在する。欲望のエネルギー G を従属変数に置き、G = exp（U）とすれば、欲望は加速度的に増えることがわかる（発散性の原理）。環境問題の根幹がここにある。だから、U（幸福感覚）を従属変数にして S を節約しようと考えることが、最大の社会資源なのである[24]。

　人々の技術サービスに対する欲求、安全に対する欲求は、全部を満たすのではなく、限界効用のある点、ほどほどが存在するのである。安全では観察時間、説明の機会に、その点を求めるのが、リスクマネジメントであり、社会計画ではないだろうか。

　期待される社会、社会的受容とは、このような位相にあるのである。

（3）　技術と欲望オリエンテッドでは実装できない

　このように考えると、新技術のための安全技術の精度を高めることのみに執心することや、人々の欲望を全部満たそうと欲望充足のみに焦点をあてる計画は、社会的受容に結びつかない。

　むしろ、何を求め、何を求めないのか、どのような生き方を幸福と考え、どのような社会を求めるのかを考えるかが重要だ。そういう意味でも、新技術の社会的受容研究の人文社会研究が必要とされている。

3. 医学と物語

1）ウィルスの歴史

ウィルスの歴史は、人類の開発史に起因している。農耕社会の発達による人口の増加、村や町への人口の集中はウィルス病の伝播に新しい環境を準備することになった。また、人間の生活に密着して犬・鳥や豚・牛などの家畜が生活したり、家の中や周囲に鼠などが住みついたり、下水や水槽や池などに蚊などが発生して、人間の生活環境に大きな変化が起った。これらの変化は種々のウイルス病の発生に影響した[25]といわれる。都市化や牧畜から人獣共通感染症が現れたのである。

中世ヨーロッパでは、製鉄が始まり、農業革命がすすみ、余剰食糧の流通が発生した。こうして、余剰生産物を流通させる都市が生まれると、ネズミが発生し、ペスト（黒死病）が流行する。加えて、13世紀、ユーラシア大陸の内陸交通とインド洋における海洋交通が有機的に結合[26]し、14世紀、モンゴル帝国の世界的拡大に付随してヨーロッパの黒死病が起きた[27]。ハーメルンの笛吹き男（後述）は、その歴史を示す伝説である。

一方、「コロンブスの交換」（16世紀）とよばれる、ラテンアメリカとヨーロッパとの貿易は、天然痘・麻疹（はしか）・チフス・インフルエンザ・ジフテリア・百日咳をもたらした。また、アフリカからの奴隷労働の流入とともに、マラリアや黄熱病といった感染症が、ラテンアメリカにもたらされた。

17〜18世紀、産業革命によって、多くの人が都市に集まると、下水道施設が追いつかず、「不潔なパリ」が拡大した。こうして、軍事土木（military engineering）の技術が、都市計画（civil engineering：上下水道をはじめとした土木工学）に発展した。この都市計画技術を取り入れ土木学講座を日本で初めて開いたのは東京大学であり、土木工学は最初衛生工学という講座名であった。

1918年、第一次大戦後のインド兵の帰還によって、スペイン風邪が広

められた[28]。戦争こそ、最大の環境破壊であり、ウィルス拡散の原因であった。日本では、マスク・手洗い・消毒が徹底され、その習慣は、高度経済成長期の小学校のトイレの消毒液、手洗い徹底教育、マスクへの親近性などに残った（と、1954年生まれの筆者は記憶している）。

2）ハーメルンの笛吹き男と鼠とり男

　ドイツ・ハーメルンのマルクト教会のステンドグラス（復元）に事件は書かれている。

　1284年、聖ヨハネとパウロの記念日（6月26日）、色とりどりの衣装で着飾った笛吹き男に130人のハーメルン生まれの子どもらが誘い出され、コッペンの近くの処刑の場所でいなくなった。

　この伝説には多数の異動がある。グリム童話にもその一部が取りあげられている。阿部謹也『ハーメルンの笛吹き男』[29]は、この伝説を丁寧に分析し、歴史的に位置づけようとしている。阿部の分析を整理すると、ハーメルンの笛吹き男伝承には2つの歴史事実を指摘することができる。

　　①　13世紀　寡婦と子どもの受難

　　②　16世紀　笛吹き男が鼠とり男に代わる

　①については、教会や為政者からの堕胎禁止の圧力もあり、組合を作れない非市民の賤民身分と同等状況の寡婦や子どもが中世都市には多数いたという[30]。しかも中世の都市は、人口増と土地不足に悩んでいた[31]。こうしたなか、二つの行動を阿部は紹介している。

　　①-1　東欧への開拓移民

　　①-2　十字軍

である。①-1については、植民請負人がおり、集団結婚をともなった移民がなされたとの指摘がある。①-2　十字軍に関しては中世都市の鬱屈した日常のなかで[32]、1212年、ケルンでモーゼを称する少年の唱導で、子どもの十字軍が出たが、ジュノバで追い返された少年の言葉に「（な

ぜ十字軍に行こうとしたのか）自分でも全然わからない」という行動が
あったことを紹介している。また、1235年、聖エリザベートの乳房を切
り取り聖物崇拝するエルフトの舞踏行進をあげている。

　12〜13世紀前半の中世都市は、大飢饉、洪水、のなかで、市民身分
をもたない賤民・寡婦・子どもらが、鬱屈した閉塞状況のなかで、移民
に駆り出されたり、十字軍に出ていた。こうしたなか、漂泊の笛吹き男
の唱道による悲劇物語が形成された[33]。

　一方で16世紀、笛吹男伝承が②鼠とり男伝承に代わっている。1559
年頃に初めて物語にネズミの集団発生が追加されている。多様な鼠とり
男の伝承のなかで、漂泊者に対する期待が込められている。なかには、
その最後の舞台が水車小屋（薬品を粉末にする場）であることから、阿
部はこの笛吹き漂泊者が、疫病防止のための殺鼠剤製造に関わっていた
場合があることを示唆している[34]。

3）日本の感染症

　人類とウィルスとのつきあいは長い。日本史の場合を磯田道史『感染
症の日本史』[35]から紹介する。

　300年頃、崇神天皇5年に、疫病が流行し、民の大半が死亡したという。
ワクチンのない古代におけるウィルスとの闘いは壮絶である。600年頃
　敏達天皇、用明天皇という兄弟は、天然痘で死亡したようである。彼
らが、上宮〈聖徳太子〉王家、すなわち、国際派であることを考えれば、
それも納得できる。

　735〜738年には、天然痘で人口の3割が死亡といわれている。人を
集めて平城京を作り、海外のシルクロードから人を招けば、伝染病が流
行するのは当然である。さらに、平安京に都をおき、多くの人が集まれば、
毎夏に疫病が流行る。祇園祭は、その疫病退散、封じ込めを願ったので
ある。茅で作った粽の香りや、「蘇民将来之子孫也」という札を貼ったり

した。農村の祭礼は、豊作感謝の秋祭りだが、都市の祭礼は疫病退散を願った夏祭りであった。『疫病と世界史』[36] によれば、元寇を防いだことが、結果的にペストの来日を防いだともいわれる。

しかし、大航海時代（秀吉時代）、わが国に南蛮交易がもたらされると、「肥前 [37] わずらい（梅毒）」が流行した（当時の平戸は肥前の貿易港である）。こうしたなか、江戸の建設にあたっては、井の頭用水と溜池が計画された。江戸では、流行り病の対処として、八百屋お七に由来するといわれる「吉三いらず」の赤紙が貼られたという。流行病は、「琉球風邪」「アンポン風」「薩摩風邪」などともよばれた。遠慮（隔離）退飯米（岩国藩）などで対処した。とくに、はしかは厳しく、「疱瘡（天然痘）は器量定め、はしか（麻疹）は命定め」といわれた。疱瘡は顔に痣が残るが、はしかでは死者が多かったという意味である。

幕末になると、海外との交流から、1822年、狐狼狸（ころり：コレラ）が九州からひろがり、1858年ペリー艦隊がコレラをひろげたともうわさされ、攘夷の一因ともなったといわれている。1862年、長崎奉行を出していた佐賀では、鍋島はしか騒動があった。

第一次世界大戦後は、1918〜20年、スペイン風邪が流行し、死者5000万人以上（日本本土約45万人）となる。これは第一次世界大戦（死者約1000万人）に比して、大きな死者数であった。日本でのスペイン風邪の流行拠点は、外国との結節点神戸と、北海道との結節点青森であった。神戸は近代疫病の拠点でもあったことは、安保則夫『ミナト神戸 コレラ・ペスト・スラム−社会的差別形成史の研究』[38] に詳しい。

4) 世間・同調圧量と感染症

ウィルスの流行に関わる、文化的要素、ファクターＸを、禊の文化や玄関で靴をぬぐ（内外の区別）、非ハグで距離をおいたおじぎ文化に求めることも可能であるが、歴史経過からの記憶、集団学習、教育による複

合効果かもしれない。ファクターＸには、遺伝子の影響があるかもしれ
ないし、社会的には世間（同調圧力）の強さが要因になっているかもし
れない。日本では、ともに感染にそなえる、そなえなければ村八分にさ
れてしまうという世間の同調圧力も、ファクターかもしれない。

　日本の感染症の広がりの特色を、世間・同調圧力から描いたものに、
佐藤直樹「「世間のルール」に従え！：コロナ禍が浮き彫りにした日本社
会のおきて」がある。『ハーメルンの笛吹き男』を著した阿部謹也には『世
間とはなにか』[39] という著書があり、佐藤は阿部と日本世間学会を作って
いた。以下、概要を紹介する[40]（…省略、（　）カッコ内補足）。

　世間の圧力

　日本における「世間」の歴史は古く、奈良時代末期に成立した『万葉集』
にも登場する。山上憶良（660 〜 733 年頃）は「世間を憂しとやさしと
思へども飛び立ちかねつ鳥にしあらねば」（この世の中をつらい、身もや
せ細るようだと思うけれど、飛び立ってどこかへ行ってしまうこともで
きない。鳥ではないのだから）と歌っている。世間は、現代でも日本人
をがんじがらめに縛っている。例えば東日本大震災（2011 年）の際、避
難所で被災者が整然と行動しているのを見て、海外メディアはこうした
非常時に日本では略奪も暴動も起きないと絶賛した。欧米では災害など
で警察が機能しなくなり、「法のルール」が崩壊すると騒乱に結びつきや
すい。しかし日本では、「法のルール」が崩壊しても、避難所では「世間」
が形成され、「世間のルール」が強力に作動したため、略奪や暴動はほと
んど起こらなかった。

　…（コロナ禍でも）日本では、「命令」も「罰則」もロックダウンもな
く、特別措置法の「緊急事態宣言」に基づく「外出自粛」と「休業要請」
という非常に「緩い」ものであった。…「自粛」や「要請」に応じない
者に対して、「ＫＹ！＝空気読め」という言葉に象徴されるように、周り

から「世間のルール」を守れという、強い同調圧力がかかった。…日本
人は「世間体」をいつも考えなければならず、家庭で「人さま（世間）
に迷惑を掛けない人間になれ」と言われて育つからだ。…日本では、「世
間のルール」に反した者は法的根拠がなくても犯罪者のように扱われ、
権利も人権も無視される。つまり「世間」が制裁を加えるのだ。

と佐藤は指摘している。
　佐藤は、さらに世間の同調圧力によるケガレ意識についても述べてい
る。

ケガレの意識が生んだ感染者差別とマスク着用
　新型コロナウイルスに対する不安と恐怖の拡大が、感染者やその家族
に対する苛烈な差別やバッシングを招いたのは記憶に新しい。…伝染病
は、ある意味ケガレ（穢れ）でありケガレを排除する行為としてマスク
が（文化的に）機能する。マスクの世間圧力が生じる。マスクは、その
効果云々以上に、熱中症気味であっても（マスクかぶれがあっても）、ケ
ガレを広げない世間圧力のために、外すことが難しい。
　（感染していなくても、県内で罹患者第一号を出しては近所に迷惑を
かける。東京の子どもは帰ってくるなとなったのだ。罹患者がケガレで
あり、伝染病が流行している地域（東京）がケガレなのだ）伝統的なケ
ガレの意識が「世間」の中に根強く残って、我々を規制している。

　佐藤の指摘は妥当であろう。では、Post COVID-19 の人類課題は何で
あろうか。出会えない不安、出会ってもマスクした対面の不安、on－
line の不安。こうした状況の中で、「いかに信頼を取り戻すのか」「対面
の意味を問う」、これこそが Post COVID-19 の人類課題である。

5）EBM と NBM

　機能的飛躍と創造的な「仮説」的飛躍はどちらも重要な仮説法であり、現場ではどちらも必要である。以下、「NBM（Narrative-based Medicine）－物語と対話による医療」（医療教育情報センター，2004）に基づき、臨床医療での議論から機能的飛躍と「仮説」的飛躍の使われ方を検証する。

　近年、医療は EBM（Evidence-based Medicine：根拠に基づいた医療）が重視されている。最新の臨床研究に基づいて統計学的に有効性が証明された治療を選択することにより、より効果的な質の高い医療を提供することをめざす。実際、EBM の考え方（機能的［精密な］飛躍）に基づき、疾患ごとに診断や治療について作成された診療指針（ガイドライン）は有効であることが実証（正当化）されている。しかし医療サービスの現場はエビデンスが確立されていないからといって止めることはできない。

　米国の内科学会に掲載された論文のメタアナリシスの結果からは、実証されたエビデンス[41]の耐用年数は 5 年前後であるとの見積もりが出ている。EBM の枠内に入ってこない医療は、EBM とは異なる現実をもっており、それ固有の科学的プログラムとして設定可能でなければならない。エビデンスは科学性の保証の裏返しとして、その一時性、反証可能性、訂正可能性にさらされている。そしてこのこと自体は、科学が健全であることの証左であり、そこに問題はない。むしろその忘却が医療への盲信や権威化に展開しがちであることこそが問題となる[42]。

　しかし Evidence Based「最善の根拠」と「医療者の経験（資源）」、「患者の価値観」とを統合するようなものの必要性を指摘する声もある[43]。一方で、Narrative Based Medicine も等しく重んじられるべきであるという声もある[44]。こうした観点から、医療従事者 －患者関係における「意味のある物語」の共有および構築は、EBM 至上主義とならんで、「NBM／物語と対話による医療（Narrative Based Medicine）」も注目され始め

ている。これは、科学的な問診による「仮説」的飛躍、すなわち原因の発見である。

「NBM（Narrative-based Medicine）－物語と対話による医療」[(45)] によれば、EBM の有効率は 60 ～ 90 % とされる。逆にいえば EBM が有効でない患者が 40 ～ 10 % 存在する。さらには根拠になるデータが十分そろっていない疾患、治療が困難な疾患、高齢者のケア、死に至る病気、あるいは精神に関わる病気など EBM を適用できない場合もある。こうしたなか EBM を実践してきた英国の開業医から提唱されたのが NBM である。

たとえば、いろいろな診療科をたらいまわしにされて病気を特定できない患者は、10 ～ 40 % 存在する。千葉大学附属病院では NBA の必要な 10 ～ 40 % の患者のために総合診療科が設置された。千葉大学附属病院の生坂正臣教授は「問診ですべての病気の 80 % がわかる」と言い切る。生坂は、原因不明で受診した患者の痛くなった場所を全部問う。食生活、体重変化、不眠、子どもとの接触、それでも類推できねば「全身が痛くなる」という患者に対して「では痛くならない部位はどこか」を問う。そうすると患者が「顔と頭、手のひらは痛くならない」と告白する。さらに「どんな時痛くなった？」「料理」「どんな料理？」「炒める」と医学的類推をしながら発祥の状況を対話していく。「料理以外で全身が痛くなることは？」と問う。すると「階段を駆け上がったとき」との答えを得る。こうして通常の問診の数倍以上の時間をかけて医学経験にもとづく問いをたて、症状のバックグラウンドまでの物語を詳細に理解し、生坂は体温上昇なのに汗をかかない皮膚症の可能性を「仮説」する[(46)]。

機器による計測数値のみをエビデンスとする場合、問診を簡単に終え、すぐに血液検査し、結果「不明」とし、推測に基づき「精神安定剤」を与える。異なる病院では簡単に問診を終えれば MRI をかけ、それでわからなければ繊維筋痛症を疑い、痛み止めを処方する。結果は効果なしで

ある。患者は整形外科、皮膚科とたらいまわしにされる。計測数値にのみこだわり、問診などによる臨床の推論（仮説）が十分ではないケースが少なからずある。

　現状の医療は血液検査や MRI の数値のエビデンスに頼るわりには、医師のたてる推量に根拠がない。血液検査や MRI の数値に頼る「非論理科学的思いつき」で診療しているため、10 ～ 40 ％ の人々に対処できない。NBM は患者のナラティブを医学的知識に基づいて問い、観察し、問診・観察から「仮説」を類推する。NBM は、EBM との補完関係にある重要な医療である。

　日野原重明は「医学というのは、知識とバイオテクノロジーを、固有の価値観を持った患者一人ひとりに如何に適切に適応するかということである。ピアノのタッチにも似た繊細なタッチが求められる。知と技をいかに患者にタッチするかという適応の技と態度がアートである。その意味で医師には人間性とか感性が求められる」と、EBM と NBM のバランスを説いている⁽⁴⁷⁾。

4. 対話によるビジネス教育、共創まちづくり

1) 新しいマーケティング

マスデータを駆使して立案されるマーケティングは、物語や対話とは無関係、異なる思考回路と思われている。しかし、どれほど精緻に、どれほど多様なデータを詳細に分析予想しても、顧客の動向は、しばしば精緻な分析を越えたところに向かうことがある。コンビニのPOSのデータ、人の心はデータが予測できないところに行くという現実がある。

マーケティングの分析進化（深化）は、時代相により、以下のように分類されている。

▶マーケティング1.0（製品中心）

▶マーケティング2.0（消費者志向）…顧客をグルーピングし、特定のターゲット顧客を満足させる商品を売り出す。ユーザーイノベーションはこれに属する[48]。

▶マーケティング3.0（価値主導）…顧客の自尊心を満たすマーケティングだ。この場合、マーケットされるモノとは、自分の価値観の象徴と考えるようになる。

▶マーケティング4.0（自己実現）は…物語そのものを提供するマーケティングが論議されている。このように、物語こそ、現代マーケティングの最大の課題といえるのである。この物語を探る方法として、対話が重要な意味を持つ。

2) スタンフォードの対話・物語教育

スタンフォード大学マーケティング学教授のJennifer Aakerによると、事実や数字を並べるよりもストーリーがあることで最大22倍も人の記憶に残りやすいことがわかっている。ニューヨーク大学でも「ストーリーは魂を宿したデータだ」と言われていた。記事やプレゼン、商品、

どんな形であれ、私たちはそれらが持つストーリーを通して物事を理解している。ストーリーテリング（物語として語る手法）は 10 年くらい前からアメリカでマーケティングに取り入れられ始め、今や企業で「ストーリーテラー」という役職ができるほど、重要な要素の 1 つとなっている [49]。

ストーリーのコツは「ビジョン」を見せることである。人々から共感される記述には、3 つのいずれかの要素が入っている必要がある [50]。

　　Ⓐ社会的価値（公共性、人間性、生命）

　　Ⓑオープンさ（歴史、地理、経済的合理性記述）

　　Ⓒ愛

Stanford の具体的な教育紹介には、佐藤智恵『Stanford でいちばん人気の授業』[51]（幻冬舎）がある。同書によれば「経営技術を教える授業はたくさんあるが、コミュニケーションは実際におとしこむラストワンマイルだ」と考え、ビジネス教育のメッカ、スタンフォード大学での物語教育重視を紹介している。

物語教育の具体としては以下が紹介されている。

・コミュニケーションの基本は「AIM = audience 聴衆 × intent 傾聴
　　× 目的 message」だという。

・Stanford 流交渉術では「asess 課題算定」「prepare 情報収集」「ask 問」
　　「package 包括提案」の方法が教授・実践演習される。

・プレゼンスピーチについても、その方法が教育され「verbal（言葉づ
　　かい）」「vocal」「visual」が演習される。

そうして、

　　①ユーモア＝色気の示し方

　　②話は短く（相手への敬意）

　　③沈黙の使い方

などが教育されるという。

さらには、「ストーリーの力－物語は利益をもたらす」とか、「イノベーション－挑戦を阻害するものは何か」「リーダーシップ論－「いい話」は伝染する」などが講義されているという。

一方で、スタンフォードでは対話授業も実施されている。「Interpersonal Dynamics（対人力学）」というコミュニケーションを学ぶ授業がある[52]。人は「自分の嫌いな自分」を受け入れられずに目をつぶりがちだ。この授業では、そういった自分が避けてきたメタ認知（第三者から見た自分を理解して、自分自身を受け入れるという行為）を強制的に行う。その結果、自分自身では気付かなかったことや、あえて目を背けていたこと、聞きたくないことまでを指摘され、「他者が分析した自分自身」と直面しなければならなくなる演習体験をする。

こうして、「Crossing Over The Net（ネットを超える＝コミュニケーション相手の人物像を、本人が思っている範囲を超えて勝手に描くこと）」を避け、「相手に自分の気持ちを伝える」ことで、SNSの炎上を回避することをマーケティングとして講義している。

また、「スタンフォード大学発『知の民主化』とオンライン教育革命」[53]によれば、グロースベック教授（米コンチネンタル・ケーブルビジョン社の創業者として、NBAのプロバスケットボールチーム、ボストン・セルティックスの元オーナーとして全米でも有名）が教える「経営者の会話術」授業が主宰する「ロールプレー演習」では、以下のロールプレーを行っているという。

> ケースの主役は、NPO団体の最高経営責任者（CEO、女性）と理事長（男性）。CEOは、理事長がことあるごとにCEOの仕事に介入してきて困っている。何とかして介入するのをやめさせたいのだけれど、理事長は高額寄付者でもある。どうやってコミュニケーションをとって状況を改善すればいいのか。

という問いである。学生は様々な経営者の役を演じながら、アドリブで

会話をしなくてはならない。ここで学生がよくやってしまう失敗の一つが「長々と話し続けること」だ。一方的に話す人はリーダーとして成功しない。

「今言ったことを、3分の1の長さにして、もう一度言ってみて」と要求し、対話のなかでの尊敬の必要性、それによる相互信頼の価値を知らせる。また「経営者の会話術」の授業の中で「コミュニケーションをうまく進めるには、自分から沈黙する＝自分の話をやめる」必要も気づかせるようにしているという。これらの技法は日本的に加工され、ビジネスコミュニケーションの「いざかや」法として紹介されている。いざかや法とは、部下とのコミュニケーションで必要な事項

　　い　　いばらない

　　ざ　　さえぎらない

　　か　　解決しようとしない

　　や　　8分以上話さない

である。

しかし、いずれもビジネス手法のみに特化され、その哲学が語られること、その哲学と教育、イノベーションがどのように関わるのかは、議論される機会が少なかったように思われる。

3）大学を核とした都市計画

そこで、対話と物語を活かした創造的なビジネス教育が、まちづくりや技術イノベーションを推進し、逆に、まちづくりや技術イノベーションが大学教育に展開するような、大学を核とした共創まちづくりについて論じる。

Dinerは、若年層を中心に、知識経済関連の雇用が製造業を代替するなかで地域と大学の関係が変化したと指摘している[54]。先進国経済において知識経済[55]の重要性が増すなか、地域経済の発展における大学への期

待は少なくない。こうした状況下で、大学と地域が共創的な関係性を構築するには、どのような取り組みが必要なのであろうか。

　本論では、まず、米英のポストモダンの都市計画と、近年の大学の地域貢献の一端（米国のコミュニティ・デザインセンター：以下 CDC と略す）を概観し、次に 2010 年代以降の「大学を核とした社会開発」とアーバンデザインセンターに関して、ロンドン大学アーバン研究所（以下、UCL Urban Laboratory）発刊の『Case studies in university-led urban regeneration』[56]）などの先行研究を検討する。そして、米英の大学を核とした社会開発の構造をモデルとして、日本の都市計画学および都市工学教育と、大学を含む都市開発、大学の社会貢献等の状況を比較検討し、日本での大学を核とした社会開発の可能性を示す。

4）米国の大学の地域貢献：COPC、CDC

　米国の大学では、学生の地域貢献活動（連邦住宅開発省支援のコミュニティ・アウトリーチ・パートナーシップ・センター・プログラム：以下 COPC と称す）、および建築学・都市計画学系学生のためのコミュニティ・デザイン・センター（CDC）が設けられた。これについては、近藤民代の報告がある[57]。

　近藤によれば、連邦政府住宅開発省（HUD）によるコミュニティ・アウトリーチ・パートナーシップ・センター・プログラム（COPC：1994 ～ 2001 年の間にのべ 135 大学に総額 $56,598,431（当時のレートで 68 億円）、一校当たり平均約 5,037 万円が支給される）が、住宅およびコミュニティ開発計画の策定にかかわり、ホームレスや住宅差別などを解決し、地域再生のコミュニティアウトリーチをおこなっている。

　一方で、建築、デザイン学科による脱スタジオ教育として、建築のデザイン及び地区計画の策定、プロジェクトの実行前段階のサービスを、40 の大学ベース型のコミュニティ・デザイン・センター（CDC）がおこなっ

ている。その多数は 1980 年代以降に開始された。開拓者は「まちづくり
ゲーム」を開発した North Carolina State University デザイン学部教授
のヘンリー・サノフである。

　米国の大学の COPC、CDC 活動は、おもに低所得者層地域に対する住
宅、および教育、就労・経済開発支援、コミュニティ開発計画の策定、
初動期における参加、デモンストレーション・教育プログラムであった。

　日本でも、文部科学省が大学の地域貢献特別事業（予算総額は約 10 億
円で、一校当たり 3,000 万〜 8,000 万円）を推進し、各大学でも地域連携室、
ボランティアセンターができ、建築学、社会学など個別の研究室等でも
地域アウトリーチの取り組みがなされている。しかし、文部科学省内部
の施策にとどまっており、米国のような大学による組織的な住宅、教育、
就労支援の地域貢献活動は十分ではなく、CDC もほとんどない。日本で
はボランティアセンターが大学内にあっても、災害ボランティア・地域
ボランティアが中心であり、まちづくりへの展開は多くない。

　日本の都市計画は、個々には対話による地区協定、都市環境デザイン
などの努力があるものの、法的には、面的整備、用途地域制限、道路整
備による 20 世紀前半の機能主義的近代都市計画に、現在もとどまってい
る。

　都市工学では、数理解析といった個々のフィジカルプランニング（土
木技術合理性）が優先され、空間や地形地質を含む総合的な関心は弱く、
歴史（哲学・社会学・地理学・法学・生活学（民俗学））、建築（デザイン）
への教育が、都市工学の総合カリキュラムに位置づけられることは稀で
ある。マネジメント、空間の概念、地形配慮もせず、ひたすら面的数量
合理のみが都市工学の現状だとの批判もある[58]。中島直人「都市工学に、
未来はあるか？」の指摘によれば、わが国は、「大学を核にしたアーバン
デザイン」以前の未開状況ともいわれている。

5) 日本の研究学園都市

　歴史的に都市の人口、経済、文化のほとんどが大学によってなりたっている、英国のケンブリッジや米国のボストン・ケンブリッジ（ハーバード大学、マサチューセッツ工科大学がある）のような大学都市は、日本にはない。英国ケンブリッジ市の人口の1/3が大学関係者といわれるが、日本では京都市の大学生比率約 10.0％が最大である [59]。

　日本では、1959 年に首都圏、1964 年に近畿圏で、工業（場）等制限法が適用され、大学の郊外移転が促進された。郊外移転した大学を含む国家的開発計画により、筑波研究学園都市、関西文化学術研究都市などができた。また民間開発等による大学等を含んだ都市開発は、西武の国立、小平、大泉のように学園都市とよばれた。しかし、いずれも国や自治体、民間による住宅開発のなかに大学、研究施設が含まれているだけで（含まれていない所もある）、大学の教育研究と社会貢献 [60] を核とした都市開発ではない。宇沢 [61] も、筑波研究学園都市が欧州の学園都市とはまったく異なった計画であることを指摘している。

　これに対して、日本でも大学を核としたアーバンデザインセンターがないわけではない。松山アーバンデザインセンター（UDCM）は、東京大学教授羽藤英二（元愛媛大学）により「公・民・学」が連携したまちづくり拠点として提案されたものであり、2014 年 2 月に松山市都市再生協議会（行政・企業・大学の協力体制）がもとになって、社会実験、空間デザインマネジメント、松山アーバンデザインスクール、研究会を運営しているが、企業参加の規模は大きくない。

　東京大学の柏の葉アーバンデザインセンター（UDCK と称す）は、公・民・学のマス・コラボレーション共同運営体であり、街を創造する拠点として専任の専門スタッフを置き、企業参加を得て、継続的にスマートシティ構築のマネジメントをしているという [62]。しかし、UDCK は、三井不動産による一般住宅開発のマネジメントと東京大学新領域創成科学研

究科がすすめるスマートシティの実験、研究とが並立している。これに
対し、後述のケンブリッジ大学は留学生を含むポスドク、任期付研究者
のためのアフォーダブル住宅を大学敷地内に整備するなど、大学を核と
した社会開発を大学自身が主導している。

6）大学を核とした社会開発とUDC
英国の大学を核とした開発

　先述するように、我が国の大学と社会との関わりは、社会貢献をめざ
そうとしている初期的段階であり、近年の米英大学が進めている地域開
発への積極的な関わり、大学を核とした共創まちづくりとは比べものに
はならい。

　こうしたなかロンドン大学アーバン研究所は、大学を核とした共創まちづくりの
レポート『Case studies in university-led urban regeneration』[63]を出版した。

　ロンドン大学アーバン研究所（UCL-UL）は、旧市街・古建築のコンバー
ジョンによる高価値化「ジェントリフィケーション」を提唱したR.グラ
ス[64]が2014年に創設した。ロンドン中心部のユーストン駅の裏にあった
倉庫に位置し、King's Cross地区の再開発、建設騒音、公害、荒廃、お
よびジェントリフェイケーションに対処した[65]。そのなかで、大学は工業
社会後の知識社会の約30,000の新しい雇用を開発しようとした[66]。ロンド
ン大学は開発のレトリック（物語）と魅力的な視覚的イメージ（デザイ
ンコード）を提示した[67]。大学を核とした開発では、大学はバスやシェア
イニシアティブ（まちなか共有ラボなどを含むか［著者加筆]）、IT管理、
政策実践とコミュニティ実践のサービスを提供することもある[68]。

　このような大学を核とした共創的なまちづくりを、Melhuishは、
the role of universities as anchor institutions in the transition from an
industrial to a knowledge economy（知識経済への移行におけるアンカー
機関としての大学）と表現した[69]。

ケンブリッジ大学では、有識高齢者とポスドクの博士のコミュニティ（博士取得後未就職者の住居費を削減し、近隣別室の有識同居人が支援するカレッジリンク型コミュニティ、学生寮複合住宅〔世代交流型シニアハウジング〕）を大学が学内定期借地で建設している[70]。また、ケンブリッジ大学では、科学技術中心の新しい産業の発展のための魅力的な相互理解のプラットフォームを実現した。相互理解がすすみ、地方自治体・政府や強力な金融システム・起業が支援すれば、大学は効果的に地域に貢献することができる[71]と言っている。

米国の3大学の大学を核とした開発

　ニューヨークのアッパー・ウエストに所在するコロンビア大学では、かつて製造業が栄えたManhattanville地域に新キャンパスの設立を進めるなかで、地域と互恵的なかたちでの発展を目指した取り組みを積み重ねている。具体的には地域に開かれた場所であるThe Forumを大学校舎に先行して建築し、地域住民も使用できるようにしている。また地域住民の雇用機会を確保するため、コロンビア大学内における仕事情報発信に加え、Career EXPOなどを開催し、履歴書の書き方などをはじめとするキャリアサポート事業も積極的に行うことで、地域住民にとって、大学が地域に新しく入ってくることがもたらす具体的便益を提供することに努めている。

　また、イリノイ州のノースウェスタン大学でも、ケンブリッジ大学と同様に、ポスドク住宅、シニア住宅が学内に建設されている[72]。NYUでは、ワークショップ劇場、医療臨床スペース、アウトリーチスペース、発展都市科学センターが建設されている。ペンシルベニア大学では、コミュニティパートナーシップセンター、デザインスクール[73]が建設されている。

　このような地域への参加、社会革新（共創）は、米英の大学では教育、研究とならんで、大学の第3の使命である[74]と位置づけられている。

表8　地域と大学との共創3段階

	方　向	活　動　内　容
第一段階	一方向	市民向け公開講座　　　日本型CSR
第二段階	相方法	社学連携　COPC,CDC　　　欧米型CSR
第三段階	多方向	大学を核とする開発urban regeneration

　こうした取り組みを３つの段階に類型化したものが表8である。第一段階としては日本の大学でも以前から取り組まれてきた市民向けの公開講座や、地域におけるボランティア活動などを通じ、大学内から大学外へと活動の場を広げようとするものである。こうした取り組みは社会からの評価もおおむね良いものであるが、方向性としては大学の知を社会に広く還元しようとする一方向のものである。

　その取り組みをより発展させたものがHUDが推進してきたCOPCプログラムや、大阪大学が2017年度に新設した社学共創本部などの社会との共創への試みである（第二段階）。この段階では、大学と市民社会が双方向でコミュニケーションを行い、互いに新しい価値を見出すことを目指している。

　そして第三段階は、大学と市民だけでなく、企業、行政、非営利活動法人など、より多様なアクターが大学を核（Hub）として集まり、エリア全体の再設計（Urban Regeneration）を通じて社会全体の発展を目指すものである。こうした考えは、民間企業にもうまれつつある。民間企業においても、企業の社会貢献・社会的責任（CSR）は必要か不要か、という二項対立を超克するべく、近年にネスレなどの企業が提唱しているCreating Shared Value（CSR）という新たな潮流が生まれている[75]。

　こうした大学を核とした地域住民・行政・企業のマルチリンケージは、ともに対話し物語を共創するなかですすめられるものと考えるが、我が国は、いまだそのスタート地点のままで、大きく遅れをとっている。

　2020年以降のパンデミックは、これまでの我々の常識や価値観を一変させた。非接触はデジタル化をさらに推し進め、新しい生活様式に対応した新たな需要が拡大している。例えば、給料はオンラインで確認でき、スマートフォンの決済アプリを使って消費する。現金に一切触れることなく決済できる時代である。現実の世界では支払い相手は人間ではなく、AIによって自動化されたレジシステムである。かつて、犯罪抑止効果を狙っていた防犯カメラは、今やリアルな追跡捜査を可能にするだけでなく、自然災害の監視により危険の予知が可能になった。また、犯罪の特徴などが集められたビッグデータによって、どの場所に警察官が行けば犯罪が防げるかをアドバイスするAIがあったり、全国民の顔認証により厳しい管理下に置くことに活用する国家があったりする。さらに、コンピュータネットワークの中に構築された3次元の仮想空間（メタバース）で、アバターを使った交流が始まっている。

　食料資源、エネルギー資源に乏しく、IT（情報技術）ですら世界に遅れを取る日本。さらに人口減による経済の維持が困難になってきた我が国において、このようなDX：デジタルトランスフォーメーション（デジタル技術による生活とビジネスの変革）は、むしろ好機として捉えられている。少ない人手で高い収益が得られる可能性が高いからだ。それに対し、「ロボットに人間の仕事を奪われてしまう」などと悲観する必要はない。なぜなら、人間は文明を持った古代からそれを繰り返し繁栄してきた。現代は、ビッグデータを活用したAIや新しい技術革新によって、人材や求められるスキルも変化し、生涯をかけて「学びなおしが」必要になる時代が当たり前になった。つまり、これまで無かった仕事にどんどん置き換わっていくだけであり、時代の仕事のニーズに適応していくことが生き抜くヒントとなる。

　いまや我々が抱える「問い」には、すぐさまAIが答えてくれる。知りたい情報や困りごとの解決策は、インターネット上に溢れていて、こちらのニーズを学習して必要な情報を教えてくれたりもする。むしろ何が正し

いのか判断がつかないほどの情報の海である。例えば、日進月歩で増えていく医療情報を人間が覚えていくことは大変だが、AIであれば瞬時に情報を分析し、知識をアップデートすることは容易なのだ。これまで医師が下してきた診断を、AIが行うことも可能になった。

　では、人間はもう必要ないのだろうか。我が国では、第5期科学技術基本計画（2016～2020年）において、2030年には人間中心の新しい社会が訪れる（Society 5.0）と予測し準備を始めた。Society 5.0では、膨大なビッグデータを人間の能力を超えたAIが解析し、その結果がロボットなどを通して人間にフィードバックされることで、これまでには出来なかった新たな価値が産業や社会にもたらされる。つまり、AIから得た情報を、新しい生活様式に合わせて分類し、組み合わせて新しいものを創造し有効活用していくのが人間なのである。これからの人間に求められている能力とも言える。

　新卒採用の面接段階で重視される「能力的要素」のうち、1位は「論理的思考力」、2位は「課題発見・解決力」（経済同友会、2016）という結果が報告された。グローバルな視点で持続可能な発展を続けるには、多様な個人の well－being（心身の健康と幸福）の実現と、社会全体の最適化を俯瞰する能力が求められている。そのためには、これまでのように指示された知識を黙って模倣し、処理していくだけでは不十分なのだ。なぜなら、それは自動化されたロボットが、人とは比べ物にならない恐ろしいほどのスピードで行ってくれるからである。そういう仕事は、ロボットに任せておけばよいのである。

　経済同友会（2016）　これからの企業・社会が求める人材像と大学への期待。

https://www.doyukai.or.jp/policyproposals/articles/2015/150402a.html（2022年02月05日閲覧）

コメント（森栗）：新居田先生のご指摘のとおりです。大学は、地域住民・行政・企業とマルチリンケージを結び、学生人材・研究資源を活用した物語を描かねばなりません。学生や研究を社会に開放・展開させていくなかでこそ、Society5.0時代に活躍できる人材を輩出し、研究貢献できると考えます。

【注】

(1) 野家啓一『物語の哲学』岩波書店、2005年

(2) 野家啓一『物語の哲学』岩波書店、2005年、p.p.17-18、p.80

(3) 野家啓一『物語の哲学』岩波書店、2005年、P.P.17-18

(4) 野家啓一『物語の哲学』岩波書店、2005年、p.29。柳田國男『遠野物語』のフレーズ引用

(5) 野家啓一『物語の哲学』岩波書店、2005年、p.81

(6) 原子力発電など。核の平和利用ともいう。1953年、アイゼンハワー大統領が国連総会で提唱した。

(7) 野家啓一 『3・11以後の科学・技術・社会 』（河合ブックレット 41）、2021年

(8) 「「原子力明るい未来のエネルギー」原発PR看板を展示へ。これまでの経緯は
『FUFFPOST』2021年

https://www.huffingtonpost.jp/entry/futaba-kanban_jp_5ff5215ec5b64e568bf28756

(9) Weinberg, Alvin, "Science and Trans-Science", Minerva, Vol.10, 1972.p.209（野家啓一
『3・11以後の科学・技術・社会 』（河合ブックレット 41）、2021年より）

(10) 戸谷洋志『ハンス・ヨナス　未来への責任－やがて来たる子どもたちのための倫理学』慶應義塾大学出版会、2021年

(11) 神里達博「情報技術におけるELSIの可能性」『情報管理』vol58 no12 2016年、
p.p.875-885

(12) 中野恒明「都市デザインの世界にみるジェイコブズの功績（未だ異端扱いの日本の都市計画事情を憂う）」 塩沢由典他編『ジェイン・ジェイコブズの世界』2016年、別冊『環』Vol. 22、藤原書店

(13) 佐野仁美「AI 社会論研究会の分析」The 33rd Annual Conference of the Japanese Society for Artificial Intelligence、2019年

(14) 武藤香織著「ELSI（倫理的法的社会的課題／問題）とは何か」、日本リスク研究学会編『リスク学事典』丸善出版、2019年

(15) GAFAとは、世界的IT企業である「Google」「Amazon」「Facebook（現Meta）」「Apple」の4つの会社の頭文字を取った言葉である。GAFAはITを駆使しながらインフラを提供し、生活になくてはならないプラットフォームを、世界的に独占しており、その活動が問題視されている。

(16) 中野恒明「都市デザインの世界にみるジェイコブズの功績（未だ異端扱いの日本の都市計画事情を憂う）」 塩沢由典他編『ジェイン・ジェイコブズの世界』2016年、

別冊『環』Vol. 22、藤原書店

(17) リンカーンセンター、国連ビル、シェースタジアム、ジョーンズビーチ、セントラ
ルパーク動物園、トライボローブリッジ、ベラザノナローブリッジ、ロングアイラ
ンド&クロスブロンクスエクスプレスウェイなど、20世紀にニューヨークで行われ
た目覚ましい都市改造を実行したパワーブローカー（Flint, 2011, p.15）。近代都市
計画の功績も大きいが、批判も少なくない。（Flint Anthony,渡邉泰彦訳『ジェイ
コブズ対モーゼス：ニューヨーク都市計画をめぐる闘い』鹿島出版会、2011年）

(18) ジェイン・ジェイコブズ著　山形浩生訳『アメリカ大都市の死と生』鹿島出版会,
2010年。The Death and Life of Great American Cities（Modern Library（hardcover）ed.）.
New York: Random House.（February 1993）「原著は1961年刊」]

(19) 中野恒明「都市デザインの世界にみるジェイコブズの功績（未だ異端扱いの日本の
都市計画事情を憂う）」　塩沢由典他編『ジェイン・ジェイコブズの世界』2016年、
別冊『環』Vol.22、藤原書店、p.196

(20) 鳴海邦碩「都市環境デザインセミナー　99年第1回記録　新アテネ憲章」には、
「新アテネ憲章は必然性が希薄」「何をせよと言っているのか分からない」「日本
は近代以前のほうが新憲章に近い」「分からない人の方が主流なのかも」という、
新アテネ憲章に対して都市計画専門家からは理解不能の反応が少なからずあった。
http://web.kyoto−inet.or.jp/org/gakugei/judi/semina/s9901/index.htm#Mate011

(21) 新宮秀夫「安全と安心：技術と心理」『（特活）安心科学アカデミー』2001年、
http://anshin−kagaku.news.coocan.jp/a_index_risk−com.html

(22) 新宮秀夫「安全と安心：技術と心理」『（特活）安心科学アカデミー』2001年、
http://anshin-kagaku.news.coocan.jp/a_index_risk-com.html

(23) 新宮秀夫『幸福ということ－エネルギー社会工学の視点から』NHKブックス、1998年

(24) 新宮秀夫『幸福ということ－エネルギー社会工学の視点から』NHKブックス、1998年

(25) 松本稔「人のウイルス病の古い歴史」『ウイルス』33（2）、1983年、p.p.79-86

(26) ジャネット　L.アブー＝ルゴド、佐藤次高他訳『ヨーロッパ覇権以前－もうひとつの
世界システム』2冊、岩波書店、2001年

(27) ウィリアム・H・マクニール著;佐々木昭夫訳『疫病と世界史』中央公論新社、2007
年（上、下）

(28) 脇村孝平『飢饉・疫病・植民地統治－開発の中の英領インド』名古屋大学出版会、
2002年

(29) 阿部謹也『ハーメルンの笛吹き男－伝説とその世界』平凡社、1980年。『同』筑摩
書房、1988年

(30) 阿部謹也『ハーメルンの笛吹き男－伝説とその世界』筑摩書房、1988年、p.p.135-139

(31) 阿部謹也『ハーメルンの笛吹き男－伝説とその世界』筑摩書房、1988年、p.p.88-91

(32) 阿部謹也『ハーメルンの笛吹き男－伝説とその世界』筑摩書房、1988年、p.p.149-151

(33) 阿部謹也『ハーメルンの笛吹き男－伝説とその世界』筑摩書房、1988年、p.217

(34) 阿部謹也『ハーメルンの笛吹き男－伝説とその世界』筑摩書房、1988年、p.250

(35) 磯田道史『感染症の日本史』文春新書、2020年

(36) ウィリアム・H・マクニール著、佐々木昭夫訳『疫病と世界史』中央公論新社、2007年（上、下）

(37) 平戸、長崎を含む。

(38) 安保則夫『ミナト神戸 コレラ・ペスト・スラム－社会的差別形成史の研究』学芸出版社、1989年

(39) 阿部謹也『世間とはなにか』講談社、1995年

(40) 佐藤直樹「「世間のルール」に従え！：コロナ禍が浮き彫りにした日本社会のおきて」『Nippon.com』2020.07.16、https://www.nippon.com/ja/in-depth/d00589/

(41) エビデンス・エヴィデンスについては、複数の表記、出版・論文があるが、本書では、以下、出典元を除いて、エビデンスで統一して表記する。

(42) Meta Paradigm Dynamics Specialblog. http://meta-paradigmdynamics.net/web/?p=351

(43) 中山健夫『健康・医療の情報を読み解く－健康情報学への招待－』丸善、2008年、p.154

(44) Greenhalgh, T. and Hurwitz, B. eds.（1998）. Narrative based medicine. BMJ Books.（斉藤清二他 監訳『ナラティブ・ベイスド・メディスン 臨床における物語と対話』金剛出版、2001年）

(45) 医療教育情報センター「NBM（Narrative-based Medicine）－物語と対話による医療－」『新しい診療理念』No. 015、2004/11/15

(46) テレビ朝日「たけしの健康エンターテイメント みんなの家庭の医学」（2018 年 1 月 23 日放送）より

(47) 医療教育情報センター「NBM（Narrative-based Medicine）－物語と対話による医療－」『新しい診療理念』No. 015、2004/11/15

(48) 70年代になってヒッペルによって、提唱された（エリック・フォン・ヒッペル『民主化するイノベーションの時代：メーカー主導から脱却』ファーストプレス、2006年）

(49) Jennifer Aaker「ストーリーの力」 https://powerofstory.stanford.edu/syllabi

(50) ニューヨーク大学のデジタルマーケティング講座バズ部「まだ誤解されがちなストーリーテリングーその本質と実践のコツとは」https://bazubu.com/storytelling-35626.html

(51) 佐藤智恵『Stanfordでいちばん人気の授業』幻冬舎、2017年

(52) 戸村光「SNSの炎上も回避、スタンフォード大MBAで40年以上愛されるコミュニケーションの授業」『DIAMONDO on-line』2019.6.1 https://diamond.jp/articles/-/204280

(53) スティーヴン・レカート（Steven Leckhart）「スタンフォード大学発『知の民主化』とオンライン教育革命」『WIRED』 https://wired.jp/2013/01/01/vol5-flipuniversity/

(54) Diner S. J.（2017）. Universities and their cities. Johns Hopkins University Press

(55) Machlp, F. *The Production and Distribution of Knowledge in the United States*.高橋達男・木田宏監訳『知識産業』産業能率大学出版部、1962年

(56) Melhuish, C.（2015）. *Case studies in university-led urban regeneration. London:* UCL Urban Laboratory.

(57) 近藤民代「全米大学の地域貢献活動実態と学生に対する参加型建築・まちづくりの専門家教育 －大学ベース型のコミュニティ・デザインセンターの活動実態－」『日本都市計画学会　第39回学術研究論文発表会』2004年

(58) 中島直人他「第6回けんちくとーろん　都市工学に、未来はあるか？Is there the future of "urban engineering"？」日本建築学会、2015年
https://www.aij.or.jp/jpn/touron/5gou/touron6.html

(59) 「大都市の学生数の人口比　歴史を誇る京都首位」『日本経済新聞』2019年11月3日

(60) 『国立大学の将来ビジョンに関するアクションプラン』（平成27年、一般社団法人国立大学協会教育・研究・社会貢献）によれば、大学の役割を、教育・研究・社会貢献と規定し、社会還元につなげる応用研究を推進し、イノベーション創出を牽引し、全国及び各地域における良質な雇用を創出するとし、国立大学は地域の拠点として不可欠な存在と主張している。

(61) 宇沢弘文「ヨーロッパにおける都市のルネッサンス」『日本不動産学会誌』Vol.16,No.2、2011年、p.p.9-14.

(62) 出口敦「UDCKについて」2007年、http://www.udck.jp/about/000245.html

(63) Melhuish, C.（2015）. *Case studies in university-led urban regeneration. London:* UCL Urban Laboratory.

(64) R.グラスは、ジェントリフィケーションを以下のように定義した。ロンドンの労働者階級の居住区の多くでは、徐々に中間階級が侵入している。上下に2部屋ずつの粗末な家は、賃貸契約が終了すると接収され、エレガントで高価な住宅になる。ビクトリア様式の大きな家は、近ごろは格落ちし、下宿屋か、多世帯の住宅となっていたが、再び格上げされた。今やこれらの家の多くが贅沢なフラットや、ハウスレットとして小分けされている。昨今の住宅の社会的なステータスと価値は、しば

しば大きさに反比例し、その地区の以前の水準と比べると暴騰している。いったんジェントリフィケーションの過程が地区ではじまると、元来の労働者階級のすべての、もしくは、ほとんどが立ち退きさせられるまですみやかに進行し、その地区全体の社会的性格は変容する（藤塚吉浩「ジェントリフィケーション─海外諸国の研究動向と日本における研究の可能性」『人文地理』第46巻第5号、1994年）。

(65) Melhuish, C. *Case studies in university-led urban regeneration. London:* UCL Urban Laboratory.2015年、p. 1

(66) Melhuish, C. *Case studies in university-led urban regeneration. London:* UCL Urban Laboratory.2015年、p.p.1-2

(67) Melhuish, C. *Case studies in university-led urban regeneration. London:* UCL Urban Laboratory.2015年、p.2

(68) Melhuish, C. *Case studies in university-led urban regeneration. London:* UCL Urban Laboratory.2015年、p.6

(69) Melhuish, C. *Case studies in university-led urban regeneration. London:* UCL Urban Laboratory.2015年、p. 7

(70) Melhuish, C. *Case studies in university-led urban regeneration. London:* UCL Urban Laboratory.2015年、p. 7

(71) Melhuish, C. *Case studies in university-led urban regeneration. London:* UCL Urban Laboratory. 2015年、p. p.8-9

(72) Melhuish, C. *Case studies in university-led urban regeneration. London:* UCL Urban Laboratory.2015年、p. 38

(73) Melhuish, C. *Case studies in university-led urban regeneration. London:* UCL Urban Laboratory.2015年、p.p.110-111

(74) Melhuish, C. *Case studies in university-led urban regeneration. London:* UCL Urban Laboratory.2015年、p.10

(75) 佐伯康考「社会と大学の共創によるソーシャル・イノベーション」永田靖・佐伯康考編『街に拓く大学─大阪大学の社学共創』大阪大学出版会、2019年、p.p. 230-232

第Ⅲ部

対　　話

1. 今、なぜ、対話なのか

2021年7月23日(金)、東京オリンピック2020の開会式がおこなわれた。1年延期、COVID-19に対する緊急事態宣言が東京都に発令されるなか、史上初、無観客・TVによる遠隔視聴という異常なオリンピックの開会であった。新国立競技場案白紙撤回にはじまり、エンブレム盗作問題、大会委員長不適切発言辞任、そして直前まで続く開会式関係者の辞任…。オリンピックの賛否両論が渦巻き、高度経済成長の1964年第18回東京オリンピックのような興奮がない違和感のなかで、開会式がおこなわれた。

人々は、毎日、東洋経済オンライン編集部「新型コロナウイルス国内感染の状況[1]」に掲載された、「新規陽性患者数」「重症患者数」「実効再生産数」をにらんでいた。(世界中の)多くの人が、同様の鬱屈した気分のなか、とまどいながら開会式を見ていた。

開会式の終盤、聖火リレーの映像と共に、イギリスのロックバンド、クイーンの楽曲、「手をとりあって」が流れ、ギタリスト:フレディ・マーキュリーの声が響いた。この曲は、2011年、東日本大震災の時も被災地支援の為にも使われた。

Teo Torriatte[ママ](Let Us Cling Together)

Let us cling together as the years go by,

Oh my love, my love,

In the quiet of the night

Let our candles always burn,

Let us never lose the lessons we have learned.

手を取り合って　このまま行こう

愛する人よ

静かな宵に

光を灯し

愛しき　教えを抱き[2]

116

図8　3つの密を避けましょう

考えてみれば、人類の歴史は、戦争、災害、疫病など不幸の記憶でもある。それでも私たちは光を灯し生きてきた。厳しいコロナ禍の3年であるが、手をとりあって生きるしかない。

コロナ禍では三密（密集、密接、密閉）を避けるよう、新しい生活様式が唱導された。本来「三密」は、仏教用語である。仏教では、生命は「身・口・意（しん・く・い）」で構成されていると考え、密教以外の仏教宗派は、この「身・口・意」から煩悩が生み出されると考え、「身・口・意」から離れるべきだと教えた。密教以外の仏教宗派は「身・口・意」の三密を避け、精神性をたかめる座禅や、阿弥陀仏帰依、題目帰依を勧めた。現代では、厚労省も、口からの感染を怖れ、外から帰ったら身を清め、飲酒会を自粛せよと、三密忌避を唱導していた。

しかし密教は違う。密教では、（自分自身を含めた）世の中すべてが大日如来の働きと考え、自分自身にも他者にも仏性がある（はずだ）と考える。密教では三密を避けるのでなく、三密を仏性探査の修行だと肯定的にとらえる。

　　身体・行動を慎み［身密（しんみつ）］

　　言葉・発言を吟味し［口密（くみつ）］

　　こころ・考えを整える［意密（いみつ）］⁽³⁾

密教では、自らの身、口、意を宇宙（大日如来）との関わりのなかで深く考え、三密を求道することが求められる。そのための一つの手がかり（手法）が、仏の印を結び（身密）、仏の真言念誦する（口密）ことかもしれない。

117

今回のコロナ禍で、私たちは三密を避けろと言われ続けてきた。多くの人が集まる都市社会のなかでは、衛生を保ち、身の安全を確保することは、この緊急事態のみならず、これからの新しい生活様式として重要だといわれている。日本では、昭和初期のスペイン風邪の猛威の記憶があるのか、マスクの慣行が残っていた（欧米ではマスク習慣は残らなかった）。

　今、68歳の私の小学校時代の記憶でも、小学校のトイレにホウロウの洗面器が置いてあり、消毒液が用意されていた。おそらく、この三密を避けるという一種の衛生思想は、疫病流行（緊急時）に備えて、今後も一定程度、記憶されるのではなかろうか。

　一方で、なかなか出会えない、対面での授業ができなかった記憶も重要である。この2年、大学の授業でも、まちづくり現場でも、ビジネスでも、生身の対面の機会が難しかった。だからこそ、久しぶりのフィールド対面、久しぶりの対面授業に感動した人も少なくなかった。対面が難しかったこの2年間は、教員やまちづくり人材のオンライン能力、さらにはオンラインリテラシーを飛躍的に向上させた。一方で、このコロナ禍は、対面の重要性、対面の価値を再認識させるものともなった。コロナ禍前、教育の場でもまちづくりでもビジネスでも、コミュニケーションの必要性、ワークショップやファシリテーション、ワールドカフェなどの技法、『問いのデザイン』[4] など、対面での創造的対話が求められてきた。しかし、ポストコロナでは、遠隔コミュニケーション技術を加味し、かつ対面の価値、位置づけがより一段深く再定義され、ポストコロナの教育、まちづくり、ビジネスで、対面とオンラインを組み合わせたハイブリッドも含めた新しい対話方法、コミュニケーション様式が必要になるものと思われる。

　ポストコロナでは、もはや大教室に200人集めて、プレゼン（ノート）を読むだけの授業はできない（オンラインで充分）のと同様に、「不要不急」の対話授業や、有名人やお話が上手な先生のなんとなくためになる大講演会、なんとなくアクティブらしいワークショップ、名刺くばりだけの

ビジネスマッチングは、対面する意味を説明できない。

　今後は、授業でも、まちづくり・ビジネスの現場でも、「（密になる）ワークショップはやりにくいなあ」と嘆いていても始まらない。その逆に「そのうち、前のような大教室の講義授業やまちづくりワークショップができるだろう」と楽観的に考えるのも甘い（そんな大学は、ポスト・コロナで生き残れないのではないだろうか）。つながり、蜜の作法（身、口、意のあり方）を再考せねばならない。私たちは、今、対話の意味、対面の意味を再構築し、ポストコロナの対話法、コミュニケーションを考え、ともに手をとりあい、対話とコミュニケーションの新しい光を求めるべきではないか。第3部は、アフターコロナに書かれた対話法の提案である。

　共創を冠した組織、プログラムが、最近、目立つ。東京大学未来社会協創推進本部、九州大学共創学部、愛媛大学社会共創学部、大阪大学産学共創本部、さらには大阪大学人間科学部未来共創センター…

　かつての「共生」や「協働」「連携」が、なぜ「共創」「協創」に変わったのか。そもそも、共創とは何だろうか。

　ミシガン大学ビジネススクール教授、C.K. プラハラードとベンカト・ラマスワミの『価値共創の未来へ―顧客と企業のCo‐Creation)』[5] は、

　　　ビジネスのスピードが加速し、その変化へ即応の如何が企業の死命を制する時代になったので、比較優位を保持するために「企業が、様々なステークホルダーと協働して共に新たな価値を創造することが必要となった。これを「Co‐Creation」と表現し、その日本語訳が「共創」である。

と定義している。一対一対応の協働ではなく、マルチステークホルダー間の共創になった。

　米コロンビア大学ビジネススクール教授、リタ・マグレイス『競争優位の終焉)』[6] も、現代経済、IT 業界などでは、企業のもつ競争優位性が競争を通じてあっという間に消えてしまう「ハイパーコンペティション」市場であるという。こういう時代にあっては、連続して競争優位を生みだし続けることは困難であり、「市場の変化に合わせて、戦略を動かし続ける」ことが重要と指摘する。

　鈴木隆（大阪ガスエネルギー文化研究所）によれば、コトラーのマーケティング理論は、この動かし続ける戦略を、3 つの場面設定で説明している [7]。

　　　①双方向(ユーザーイノベーション)

　　　②オープンイノベーション(コミュニティダイアローグ、コンソーシ

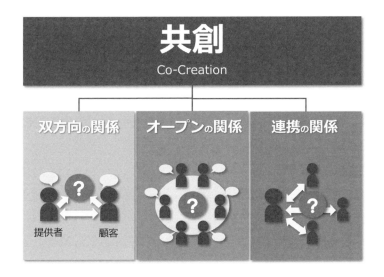

図9　共創　（https://www.netcommerce.co.jp/blog/2016/09/10/10157より）

アム）

　③オープンソースの相互連携活用

である。

　①双方向のユーザーイノベーションは、2000年頃、デンマークなどで展
　　開したビジネス手法である。

　②オープンイノベーション（相互経験をわかちあう対話）によって、
　　発見を求める手法である。共創型対話とよばれるものである。本論
　　は、この立場に立っている。

　③オープンソースは、自己革新的価値を生みだす主体となる企業がソフ
　　トや技術を他社に無償で提供し、自社だけでは満たすことのできな
　　い不足を他社と連携、協力して解決する方法である。フリーソフト
　　の提供などはこの手法である。

　②の共創型対話の手法の具体は、図のような流れとなる。

図10　共創型対話の流れ

　・対話の場を設定し、

　・相互の発言を同じ気持ちになって聞きあい、相互の発言を尊いと感
　　じる傾聴を実践し、

　・相互の異なる経験をわかちあうなかで他者を理解し、

　・他者の価値を発見することができる。

実は、他者の価値を発見するということは、

　　・自己の隠された価値の発見につながる。

　　・イノベーションとは、自己の価値の再発見である。

　競争社会では、相互の秘密主義、排他では消耗戦になり、誰も勝者にな
れない。そうではなくて、相互のわかちあいのなかでこそ、新たな発見、
イノベーションが実現する。これが共創であり、そのための対話が共創型
対話である。ポストコロナの対話、対面の意味とは、共創の可能性、価値
発見の可能性にかかっているのではなかろうか。

●コラム　問いと対話　　　　　　　　　　　　　　　　　新居田久美子

　「課題発見・解決力」と「論理的思考力」を養うには、どうすればいい
のか。答えはいたって簡単である。それは、まず自分の中に浮かんだ「問い」
を放置しないことにある。「問い」とは、「なんでこうなるのか」「これには
どんな意味が隠されているのか」「原因は何だろう」「これで本当にいいの
か」「これは意味の無いことなのか」など、自分の中に起こったあらゆる疑
問などを指す。さらに、これらの問いを明らかにするために、「○○が関係
するのでは？」「○○から根本的に成り立ちを調べてみよう」など、自分が
立てた「仮説」を「検証」し、それを何度も繰り返していく一連の行動が「研
究」であり「学習」なのである。"Siri（Apple）"に聞くより、自分で探究し、
自分らしい解を見つけることのほうがワクワクするはずである。

　「問い」を、よりダイナミックに発展させる方法がある。それが、「対話」
だ。自分が立てた問いが、他者との対話によって発想が広がっていくこと
を体験できる。対話は問いの見方をかえてくれ、新しい問いがうまれてく
るなど、そのプロセスはとても興味深いものである。筆者は「グループワー
ク」「ワークショップ」というアクティブラーニングの手法を導入した参加
型授業によって経験済みである。「問い」×「対話」から内省が始まりメタ
認知（自己の客観的な認知）が生まれる。自分の成長を感じさせてくれ、
論理的思考の道筋を知ることにもつながるのである。自分の些細な問いが、
社会の問題解決へと広がっていくことが往々にしてある。それは、社会の
生産活動の一つとして古来より続く営みの原点であり、いつの時代であっ
ても欠くことはない。

　このような力を得た人材は、AIと協調して仕事を行えるようになる。高
度なテクノロジーに使われるのではなく、活用し得る人間として「共存」
していく時代がやってくる。だからこそ、人間同士の「対話」への「参加」、
そして「グループワーク」「ワークショップ」への「参加」が、みなさんの
学問の扉を開くことであろう。自分の成長のためにも、社会経済の発展の
ためにも挑戦を楽しんで欲しい。

1）ワークショップの歴史、個人体験

　筆者が、はじめて現場対話の重要性を認識したのは、今から四半世紀以上前、阪神淡路大震災（1995 年。以後、阪神大震災と表記する）の復興まちづくりワークショップ（以下、WS と表記する）や南芦屋浜仮設住宅での住宅復興 WS の現場であった。後に神戸まちづくり研究所の仲間となる、神戸 WS 研究会のメンバーによる主催であった。鮮やかな対話の場の運営やファシリテーションに、私は驚嘆し、淡いあこがれをいだいた。

　震災後、被災地神戸で WS を知った私は、「WS は、住民合意形成のまちづくりでのみで使われる手法」と思い込んでいた。しかし、日本でのWS 導入は、戦後教育復興に遡る。米国から与えられたデューイの流れをくむ民主教育の場が最初であった。それより 20 年以上遅れて、まちづくり WS が、80 年代後半から世田谷区などで導入された。関西では、1993年に神戸市兵庫区上沢で、公園 WS が伝道され、それが震災後の復興まちづくりで広がった。この伝道・指導をしたのが、世田谷まちづくりハウスの運営に関わっていた、大久手計画工房の伊藤雅春である[8]。

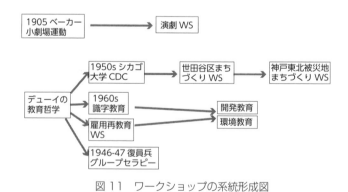

図 11　ワークショップの系統形成図

荒木寿友「ワークショップの構造からみた新しい類型化の試み—連続した取り組みとしてワークショップを展開するために—」『立命館教職研究』特別号 3-13、2016 年　より、筆者作成

2) 神戸とまちづくり WS

　1993 年、神戸の上沢 2 丁目公園 WS を助走として、阪神・淡路大震災を契機に急速に WS が普及し、その事例を研究し、まとめることを目的に、行政職員やまちづくりコンサルタント、ボランティアコーディネーターなどにより、神戸 WS 研究会が平成 14 年 4 月に設立された。毎月の定例会、「神戸マンション管理組合交流会」「野良猫の問題を考える WS」「王子動物園活性化 WS」など、WS の企画運営も手がけている。平成 16 年には、事例集『ワークショップの本』（自家版）を発行している。

　神戸市長田区生まれの都市民俗学者であった私は、1995 年の阪神大震災に接し、伝統的な習俗を研究する民俗学の研究を放棄して、まちの人々の生き方、被災者の故郷再生への思いに寄りそうような、およそ研究とはいえそうもない態度で、まちを彷徨し、住民と語りあってきた。この活動に、当時の民俗学会は無関心であったが、まちづくりコンサルタントの専門家（阪神淡路大震災復興白地 [9] 地区まちづくりネットワーク：小林郁雄代表）らは、私の活動や発言をとりあげ、まちづくり実践のなかに組み入れた。

　その後、私は大阪大学コミュニケーションデザイン・センターの授業や FD（教員の教育方法研修）に、神戸ワークショップ研究会のメンバーをゲストに招き、対話法授業を実践するようになった [10]。

　当時は、コーチングなど対話法がブームでもあった。コーチング技術の伝授が、ビジネスとして流行していたが、私はその流行に「技法だけではない」と疑問を持ちつつ、大学でグループワーク教育を模索していた。グループワーク教育模索のなかで、私はファシリテーション技術を独学で学び、2012 年頃、大阪市などで、まちづくりのための「地域公共人材育成」の制度化に関わるようにもなった。

　ワークショップ技術は中野民夫『ワークショップ─新しい学びと創造の場』[11] による整理をもって、一応の到達点に達した。その後、私は鷲田清

一などの「哲学カフェ」の対話活動にも接し（鷲田の作った大阪大学コミュニケーションデザイン・センターの教員となる）、ワークショップの技術だけではなく、「聞くこと」、「問の意味」を考えつつ[12]、「対話法」を幅広く学び、対話法を体験する授業を模索してきた。また、コミュニケーションデザイン・センターの同僚でもあった平田オリザ『わかりあえないことから—コミュニケーション能力とは何か』[13]からも、少子化、価値多様化時代におけるコミュニケーション経験（伝わらない苦悩の経験）を伝える教育の必要性について、学ぶことが多かった。

表9　日本におけるワークショップ史

20世紀初頭	米ハーバード大学においてジョージ・P・ベーカーが担当していた戯曲創作の授業に起源をもつ。日本では、戦後、J.デューイ流の進歩主義教育のWSが入った。
80年代	まちづくり系のタスクフォースとして、世田谷のまちづくりで応用。KJ法やファシリテーション、ロールプレーを活用して採用された。
1985年	墨田区向島においてロールプレーでコミュニケーション型まちづくりをはじめた。世田谷区での整備（まちづくり条例、公益信託、まちづくりセンター）で、WS実践
1993年	上沢公園ワークショップ（神戸市）
1995年以降	神戸の震災復興まちづくりの手法として一般化
2001年	中野民夫『ワークショップ—新しい学びと創造の場』刊行
2005年	神戸ワークショップ研究会『ワークショップの本』刊行
2020年	安斎勇樹、塩瀬隆之『問いのデザイン:創造的対話のファシリテーション』刊行

3）コロナ禍前後のワークショップ

こうしたなか、2020年、『問いのデザイン—創造的対話のファシリテーション』（安斎、塩瀬）[14]が発刊された。『問いのデザイン』は、問いのあり方を分析し、対話を鮮明な論理で位置づけた。私は、ここに戦後日本の対話法の、ひとつの到達点があると考えた。

しかし、その2020年、コロナ禍の大学は、密（みつ）にグループ討議してはいけない、ワークショップでの「お菓子でも食べながら話す」など

禁止となった。遠隔授業では、授業の通信途絶を怖れて通信容量を確保するため、かつ個人情報・肖像権保護のため、学生からの動画が許されず、真っ暗な画面に学生番号だけが並ぶ ZOOM の異様な画面での遠隔授業が強いられた。大学の教員も、知識切売りの動画を作りつつ、「これからは対話授業が困難になるのだろうか」、「これからの教育ではフィールドワークはできないのか」と煩悶・悩んだ１年であった。地域の町会・自治会でも、対面できなくて、自治活動が休止、衰退する状況下にあった。NPO 活動も、現場での地域対話が難しかった。

　こうしたなか、これまでの対話法を吟味するなかにこそ、ポストコロナの教育、地域対話のヒントが隠れているように思えてきた。第３部では、対話法の議論を、コロナ禍の経験を踏まえつつ見直し、ポストコロナにおける「断片知識教育を超える経験主義教育」、上位下達の対話なき地縁活動を脱する共創的地域対話を、模索したいと考える。

1)ワークショップ概論

　神戸ワークショップ研究会『ワークショップの本』によると西修（神戸ワークショップ研究会）は、WSを、

　　　・グループワークをベースにした、

　　　・参加・体験・創造型の手法で、

　　　・学習、交流、課題解決や合意形成などを行う「場」、

と定義し、

　　　・参加　　＝受身ではなく主体的に関わる

　　　・体験　　＝「頭」だけでなく「体」や「心」も

　　　・グループ　＝相互作用

の3キーワードにより成り立っているという。

　ワークショップには多様なものがある。西は中野民雄『ワークショップ』を参考に、図12のように整理している。

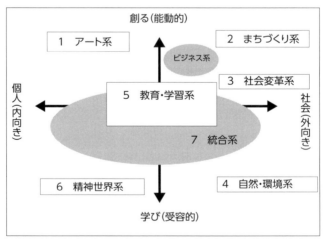

図12　ワークショップの分類（中野民夫（2001）より作成）
　西の意図と同様のスライド、https://www.slideshare.net/t-harabe/ss-34314170 より

　「神戸まちづくりワークショップ研究会2003」の分類によれば、WS
は交流・合意形成のツールであり、

　・ものづくり（デザイン）系

　・課題解決・計画づくり系

　・交流系

　・発見系

　・研修・啓発系

に分類される。

2）コミュニケーションデザインセンターでのワークショップ経験

　私が所属していた、大阪大学コミュニケーションデザイン・センターで
は、表10のように多様なWSがあった。

表10　多様なワークショップ
（大阪大学コミュニケーションデザイン・センターでの体験から　筆者作成）

	目的と問題設定	方法	おもな手法	応用
演劇ワークショップ	自己解放⇒妥協困難な問題設定	演劇（身体活動）等	アイスブレーク、チームビルディング、	教育、人材育成、心性病気予防
臨床哲学カフェ	自己解放、教育⇒妥協しない議論	傾聴法中心	問答法	大学教育、人材育成、共生相互理解
科学技術コミュニケーション	科学・理学・技術を理解・発見	理解法		科学技術政策評価
まちづくりワークショップ	タスクフォース（まちづくり事業）⇒妥協前提・テーマ型問題設定（道路・マンション等）	傾聴法、一部ロールプレー他、何でもあり	アイスブレーク、チームビルディング、ファシグラ、旗揚ゲーム、ワールドカフェ、KJ法、短冊掲示法	都市計画、建築計画、土木計画の合意形成⇒ありばいづくりの危険性。非事業的連続まち育て＝ビジネス、事業づくり。

　石塚雅明『参加の「場」をデザインする』は、まちづくりWSを「さ
まざまな立場、意見の人が参加し、何らかの共同作業を通じて、まちづく

りの課題や方向性について、公平かつ創造的な議論をおこなう場」と定義している[15]。

WS の特徴として、中野を引用して西は以下を指摘した。

- ・WS に、初めから決まった答えなどない
- ・WS に先生はいない
- ・WS では「お客さん」でいることはできない
- ・WS では頭が動き、心も身体も動く
- ・その結果、WS では交流と笑いがある
- ・WS は、Win – Win solution である

もっとも、WS以外にも多様なコミュニケーションの手法があり、これを経験的に一覧にすると、表11のようになる。

手法は、WSであっても他の多様な手法でも良い。重要なことは、対話の目的である。相互の経験を比較し（ふりかえり、わかちあい）、自他の

表11　多様なコミュニケーション手法

分野	目的	他己紹介アイスブレーク	ワークショップ	ファシリテーション	ワールドカフェ	ロールプレー	対話セッション	シアターカフェ	サイエンスカフェ	哲学カフェ	プレゼン共有	シンポジューム	フューチャーセンター	呑みニケーション
まちづくり	課題抽出、合意形成	◎	◎	○	○	△					◎	◎	○	◎
アート（演劇）	双方向、インスタレーション、発想転換	○	△	○	△	◎		◎						◎
科学技術	成果広報、発想気づき	△		△			◎		◎			◎	◎	○
医療福祉介護	チーム医療、説明責任、地域連携	○	○	○		△	△				◎	◎	○	◎
臨床哲学			△							◎				◎
大学教育				△							◎	○	○	○
行政組織		○	◎	△	△						◎		○	○
企業組織		○	◎	○			△				◎	△	○	○

◎○△は筆者の経験的主観判断である。

発見に類構造を求め、共に想起するものは何か、つまり、間主観における
意味の発見こそがワークショップでの目的である⁽¹⁶⁾。

3）ワークショップの政治性とコーチング

　コーチングなどの自己啓発セミナーとワークショップは構造的に似て
いる。

　映画「フルメタル・ジャケット(1987)年」によれば、ベトナム戦争(1955–75
年)での海兵隊の地獄の特訓の目的は、変性意識下での日常的フレームの
書き換え、すなわち、殺人マシンを作るための洗脳であった。帰還後、そ
れを日常フレームに書き戻しする必要があった。この技法が、80年代に
神経言語プログラミングとして開発され、それが企業研修に応用された。

　日本では1992年ごろ、自己啓発セミナーが強引商法に利用されたため
消えたが、神経言語プログラミングが企業研修に入り込んでいる。自発性
を越える内発性を用いた、巧妙な洗脳手法が、ビジネスに取り入れられ
た。さらには90年代から、エリート層よりも一般層、迷える層にこの技
法が拡がっている⁽¹⁷⁾。

　ワークショップは、こうした脈絡のなかで登場している。ワークショッ
プの中毒性、危険性は、こうした歴史とも関係している。

表12　自己啓発セミナーとワークショップ
（中野民夫『ワークショップ』岩波新書、p.171に加筆）

自己啓発セミナー	非日常に置く	精神的空白に追い込む	教義注入	実践（壁を乗り越える）の強制
ワークショップ	非日常に置く	感染的模倣（自分流カスタマイズがなく、WSそのものに夢中になる：ワークショップ中毒）思考停止→知的開拓の必要	多様性の受容。グルに帰依の危険性	日常のなかでの試み

131

4) ちゃんと聞く…シートによる自己紹介法とグループづくり法
（チームビルディング）

名前	学部 専攻
呼んでほしい 名前	今日、期待 すること

図13　シートを使った自己紹介

　神戸まちづくり研究所の職員の指導により、自己紹介を使った「ちゃんと（正確に、真っ当に）聞く」演習が始まった（大阪大学大学院高度教養科目『ワークショップ入門』、2011 年）。まず、A3 白紙を四つ折にして、図 13 のように自己紹介を書いて、全体で誕生日順ループで発言した。個々の発言の後には、拍手を求めた。一通り終わったところで、「お国自慢」「家族のあれこれ」を、大型ポストイットにサインペンで書いて、個別パートナーを探して語る。

図14　書いて聞く

　この過程で、職員の注意が入る。職員の説明用プレゼン「ちゃんと聞く（聴く）を体験しましょう」によれば、ファシリテーターの役割として、

　　・きく　　　　　　安心して発言できる場づくり　聞くではなく、聴く
　　・みる　　　　　　参加者一人ひとりの様子や関係性　変化は見逃さない

　　・ひきだす　　質問で可能性を広げる、絞り込んで深める

　　・せいりする　発言をつなぐ、かみ合わせてまとめる

が指摘されている。

　　その手法として以下３点を神戸まちづくり研究所職員が指摘した。

その１）「相手がお話しがしやすい」「私が話を聞きやすい」環境づくり

　・相手との距離＝最低声が届きあわないと理解できない。

　・相手と向き合う角度、目線＝そんなにじっと見られても…。

　・浮気はしないで！＝あなたにがんばって話そうと思っているのに、

　　　　　　　　　　　　　　目線が違うところに！

「どうすれば相手がお話ししやすいか」は、人によってずいぶん違う。

決め付けず、相手と確かめ合ってつくるしかないとの指導があった。

その２）お話をうまくつないでいくポイント

　・単純なレスポンスを送る＝「フンフン」「はいはい」「うん」といっ
　　たうなずき

　・理解メッセージを送る＝「あなたは○○（の様な気持ち）なの
　　ね。」「なるほど、○○だったですね。」

その３）お話を明確にするヒント

　・オープンリード・オープンクエスチョン＝YES/NOで答えられない
　　ような質問・話が深まったり広がったりする質問をする。

　・具体的な状況や今の気持ちを確かめるような質問でも、自分の興味本
　　位で話を振り回さないよう注意。

　・言葉にはなっていないが、じんわり伝わってきている相手の気持ちを
　　伝えてみる。相手の話に深く共鳴を覚えたときにはその気持ちを支
　　持する。

　こうした態度に加えて、カウンセラーが大切にしている態度を職員は紹
介している。

　　・肯定的な態度で臨む。（無条件の肯定的配慮）

・正しく聞く。

・不足・不明確なところを明確にする質問をする。（明確化）

・肯定的に受け止める。（受容）

・きちんと聞いている、理解しているという態度を示す。

　　（メモを取る、うなずく、理解メッセージを送る）

　現場ではその人のお話を本当に聞きたいかどうか（自己一致・純粋性）が問われている。

　一方、都市計画を専門とする西修は、「ちゃんと聞く（正確に聞く）」をまちづくりの現場実践においてワークショップをしている。まちづくりワークショップの役割を、

・ちゃんと聞いて

・ちゃんと話して

・相互理解を深める

「場」をつくることだとしている。

　では、通常のまちづくりの現場では、なぜ議論が難しいのか？西は以下のように指摘している。

・話す人が決まっている＝一部の人しか発言しない／できない

・何のための話し合いかわからない

・深まらない

・かみ合わない

・個人的な感情でものごとを決める人がいる

・結論があいまい＝人によって結論がいろいろ

　まちづくりの現場では、「ちゃんと（正確に、真っ当に［関西方言］）聞く」ことができていないから、ちゃんとした相互理解ができず、誤解のまま計画が頓挫したり、無理解のまま事業計画がすすんだりするのだ。

5）ファシリテーショングラフィックス

　そこで、次に、中立的な立場から議論を促進するファシリテーションの演習が、神戸まちづくり研究所の職員によっておこなわれた。西修は、ファシリテート facilitate を、「促進する、容易にする、円滑にする、助長する、スムーズに運ばせる」と説明し、facilitation を「集団による知的相互作用を促進する働き」と定義している。〈FAJ（日本ファシリテーション協会）による〉

　ファシリテートをすすめるファシリテーターは、会議やワークショップの進行役であり、常に中立な立場で

　　・プロセスを管理し、

　　・参加者のチームワークを引き出して、

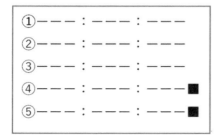

箇条書き

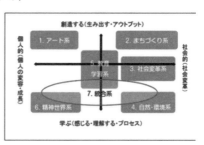

表（マトリクス）

表（対比）（※1）

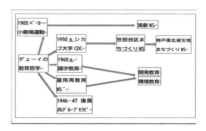

表（チャート）

図15　書くを助けるファシリテーショングラフィックスの多様なフォーマット

※1 工務店経営の戦略〜中小工務店が淘汰される時代を生き残るために
八尾トーヨー住器株式会社 (yaotfc.com) より

・チームの成果が最大となるよう支援する者
と定義している。ファシリテーターは、場をつくり・引き出し・深め・
まとめる専門家といえる。

　ファシリテーションを視覚的に表示、記録する方法として、ホワイト
ボードなどを使ったファシリテーショングラフィックスがある。西修は、
ファシリテーショングラフィックス＝「要約」とは、キーワードを探す作
業だという。しかし、要約する言葉を探しだす作業は、実際には「捨てる」
作業であり、捨てていることを自覚して要約せねばならない。要約の結果
は、図15（前頁）のように、フォーマットにまとめあげていく。

　まちづくりの作業にこのファシリテーション、ファシリテーショングラ
フィックスを適用すれば、

　　・小さく「分けて育て」大きく「開いて収穫する」ことができ、

　　⇒少人数のグループが基本＝「話しやすい」「聴きやすい」単位

　　⇒全体で共有しコンセンサスをつくる

　　・見える化することができ、

　　⇒議論の「空中戦（言いあい）」から「地上戦（対話）」へ

　　・ギャップを埋めることができる

　　⇒プログラム・ツールの活用

ということになる。

　なぜまちづくりWSなのかと言えば、「参加型（Web型）社会の到来で
あり、1人1人が主体的にかかわり相互に連係する組織に会社もNPOも
変わろうとしている、水平な関係の中での合意形成が求められるからだ。
だから、「内容」の平面的合意だけではなく、全員が発言し、採用されなかっ
た意見も皆に共有され、「共感」と「納得」を生むWSのプロセスが必要
とされたからだと説明された。極言すれば、合意形成よりも、共感と納得
のプロセスが重要なのだ。

　WSによる参加のデザインは、事前準備が80％である。それは、

・事前のプロセスデザイン

・参加形態（自由参加か関係者のみか、想定外の人の参加効果）

・プログラム（手順の作りこみ、必要品のチェック、役割分担）

によって成り立っている。残り20％は、当日の臨機応変の動きが重要である。WSのアウトプットは、旗揚げゲームなどにより、採用されなかった「残念意見」も含めた多様な意見に気づき、「叩き台づくりゲーム」などで、具体的に考えること（プロセス）が重要となる。

6）多様な手法の体験

次に、KJ法、旗揚げゲーム、ワールドカフェの解説と体験を、神戸まちづくり研究所に所属するコンサルタントがすすめた。

KJ法

野外調査のデータをカード化してグループ化するKJ法は、本来はデータからの発想法であるが、

・誰でもが発言できる

・話しが苦手な人の意思表示ができる

・出した意見が文字として残る

・意見の関係性が視覚化できる

・集約的な作業ができる

という特色から、多様な参加者によるグループワークで援用されることが多い。

旗揚げゲーム

旗揚げゲームは、

・多数の参加者の意見を同時に確認できる

・非常に多くの参加者に対応できる

・少数意見を全体の場で確認できる

という点で、よく使われる手法である。

図16　旗揚げゲームの道具

　旗揚げゲーム・KJ法などの手法は、利害が対立する先鋭化したまちづくり現場では、混乱を呼び込むこともある。阪神・淡路大震災復興の公営コレクティブハウジング（真野ふれあい住宅）の居住者ワークショップをNPOが実施したところ、コレクティブ推進のコンサルタントが激しく怒り出した。「私たち（住民や専門家）は真剣に共同居住の在り方を考えているのに、ゲームのような茶化したやり方はやめてくれ」というのだ。ワークショップの手法が先行すると、このような誤解が生じることもある。こうした場合、無理にすすめず、反論もせず、黙って怒りを良く聴くことが重要である。30分もひととおり聴くと、怒りも徐々に一段落する。一段落したところで、誤解の構造化をし、見える化（ファシリテーションフラフィクス）し、共同居住の課題とポイントを明確にすることができた。怒り、トラブルも発見のプロセスなのであり、黙ることも含めた臨機応変の対話が相互理解を深めるのである。それでも、感情的なしこりを残し、どうしようもないこともある。このNPOを主宰していた委員会の座長、延藤安弘は次のようにまとめた。

　　「トラブルを発見の第一歩にしよう。それでもトラブルが残るときは、トラベルに出よう」。

　時間をおいて、他地域を見て聞いてみれば、解決の糸筋がみえてくるというのだ。延藤の発言は駄洒落でなく、深いパロールだ。

ワールドカフェ

　多くの新しいアイデアや、社会的なイノベーションは、カフェやサロン、教会、リビングルームなどでのインフォーマルな会話を通じて生まれ

拡がっていった。堅い会議の場よりも、喫茶店でお茶でも飲みながらくつろいで気楽におしゃべりする時の方が、本音も出やすいし、良いアイデアも出る。そこで、ワールドカフェという手法が出てきた。

　ワールドカフェは、

　　①はじめの宿（テーブル）での話し合い

　　　　　↓　　　　　ホスト（宿主）を残して移動

　　②新しい宿（テーブル）で話し合い（ホストのこれまでの話の説明）

　　　　　↓　　　　　ふたたび移動

　　③もとの宿（テーブル）で話し合い（みやげ話）

　　　　　↓

　　④全体での話し合い（発見を紙に書いて、全体で歩きまわり、相互に出会って、発見を語り合うこともある）

という流れになる。

ワールドカフェのエチケットとして、

　　・一つ一つの発言を大切に扱う

　　・ともに耳をすかせてよく聴く

　　・自分の考えや経験をその場で役立てる

　　・場にあらわれるもの、「えっ！」を大切にする

　　・アイデアをつないでいく

　　・落書き（いたずら書き）をどんどんする

を指摘し、ワールドカフェの実践体験をした。

　当初、まちづくり合意形成を目的としていた私には、結論を得ることを目的としない、ワールドカフェは、哲学カフェと同様に理解しにくかった。しかし、個々の参加者が多様な発見をする姿を見ていて、結論ではなく、この相互経験のプロセスこそが重要なのではないかと、気づいた。

7) ラウンドテーブルとラウンドおおさか

ラウンドテーブル　とは、

「課題の共有」と「情報交換」のための「交流の場」であり多様な人々
による序列のない形での円卓会議（大阪府交野市みんなの活力課）

と定義される。ラウンドテーブルは、「呼びかけから生まれる、組織を
越えるネットワーク、口コミで広がる、じわっと効いてくる漢方薬」
（久隆浩、近畿大学）ともいわれている。ラウンドテーブルは、場では
なく、ネットワークであり、建設計画にはなじみにくいが、まちづくり
の理念の醸成には有効である。大阪府交野市では、その議論を総合計画
に反映した[18]。

大阪市には、市職員の自主的研修として市民・職員が参加した「ラウン
ドおおさか」がある。ラウンドおおさかの特色は、毎回、大都市大阪の場
所を変えて実施している点にある（フィールド型）。2013 年 10 月 9 日
北区中津で実施されたラウンドテーブルは、地域スポットを見てまわるツ
アーも組み込まれ、地域魅力と地域課題のリアリティをもとにした談義が
すすめられている（図 17）。

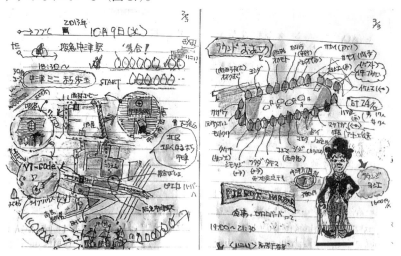

図17　フィールド型ラウンドテーブルの絵記録（中津）（味方慎一作）

図18　ラウンジ転換型ラウンドテーブルの絵記録（味方慎一作）

　2013 年 7 月 10 日　中央区では、ラウンドテーブルが終わったあとはラウンドがラウンジに変わる。これも大きな魅力になっている。お酒が入って一気に交流が深まるのである。聞くのが中心のラウンドから、酒食の入った話し合いが中心のラウンジに転換する（ラウンジ転換型、図18）。

　2014 年 2 月 12 日淀川区（2012 年 12 月 18 日中央区）では、地域の会議室などのスペースを借りて、地域の名物などそれぞれが持ち込んで、ラウンド＆ラウンジが同時進行する場合があった。会場に白板があれば、参加者の自己紹介時に座席絵が同時に完成した。中心参加者の味方真一氏（建築家）がチョコチョコ描きながら、見ながら話は進んでいく。ときには、持ち込みの笹かまぼこの箱に、絵記録が描かれた（図 19）。カフェや呑み会での相互の発想やキャラクター、知識の発見は楽しい。しかし、発見を見つけることよりも発見を記録・定着化させることこそが、重要である。よい発見、素晴らしい着想ほど、忘れ去られることが多いのは、誰しもよく知っている。ワールドカフェでは、「宿」での対話を、宿のテーブル（の

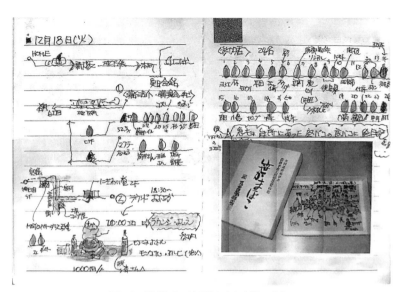

図19　淀川区の絵記録（味方慎一作）

模造紙）に落書きしてもらい、宿に戻ってきた人々に対して宿主が「落書き」で説明して、議論が深まる。書く作業が重要なのである。

　ラウンドおおさかでは、ラウンジの出会いに重点が置かれる傾向にあったので、自己紹介でのコメントを、座席表に絵画風に味方氏が書き込んで、記録化した。しかし、この絵画を使って、議論を深めるまでには至っていない。記録よりも、ラウンドに参加した経験、相互の関係性に重きをおいているものと思われる。

▌5.対話・会話・討論とまちづくり、および公共

1）対話と会話・討論の違い

2016年中央教育審議会答申を視野に、「ディベートのような対話型のアクティブラーニング」が各地で模索されている[19]。しかし、active-learning、critical-thinking といわれるが、アクティブでないラーニングなどあるわけがない。クリティカルでないシンキングがあるなら、それは思考ではない。active、critical を謳う前に、active、critical の中身、何のための active、critical かを問わねばならない。ディベートだけが本当に深い創造的思考なのか、今一度、考えるみる必要がある。そもそも、ディベートは対話であろうか？ 討論と対話はどう違うのか？

私は、「ディベートのような対話型のアクティブラーニング（中央教育審議会答申）」に疑問を持っている。そもそも、私たちは何をめざして対話しているのか。コミュニケーションがめざす方向を考えたい。

ディベート（討論）とは、異なる主観を持つ個々人の間において（間主観）、論理によって相手を説得し、勝つことが最終（目的）となるオーラル言語によるコミュニケーション様式である。負けた方が全面的に変わらなければいけないし、勝った方は変わる必要がない。ディベートは討論であって対話ではない。

これに対して、ダイアローグ（対話）は、間主観における異なる価値観のなかで、相互の異なりを相互に理解し（わかちあい）、自分も相手も変わるオーラル言語によるコミュニケーション様式である。討論と対話とは、めざすものが異なるコミュニケーション形式である。

ましてや、会話そのものを楽しむ、理解を求めない「会話」とも違う。極端な例をあげれば、幼児どうしの会話のように、同じ場で相互に異なることを語っているのに、相互に理解しようとしなくとも、会話を楽しむ場が成り立つこともある。いや、大人の会話の場でも、相互に異なることを

おしゃべりしていても、場がなりたつことも多い。

　「討論」と「対話」「会話」は、まったく異なるのである。

　こうした誤解は、教育界だけではなく、まちづくり現場でも同様だ。

　筆者は、各地のまちづくり、住民協働型地域交通に関する講演を行うことが多いが、その聴衆のなかには高齢者が多い。現役世代は、時間もないし、町のことを考える余裕もない。こうしたなか、元気な高齢者のなかには、行政主催の無料講演会に次々と出席する人が少なからずいる。私の講演を何度も聞いてくれるヘビーユーザーもいる。それはそれでありがたいことなのだが、講演の内容と関係なく、意図不明の長い質問をしたり、テレビで聞いたようなありきたりの評論をしたりする人も少なくない。講師と名刺交換、個人的会話のみを楽しみにしている人も少なくない。講演会後に名刺を求めて列をつくることもある。彼らは何かを質問したいわけではなく、まちづくりの相談をしたいわけでもなく、ただ、聴衆が多くいる講演会場で自己の知識を自慢し、講師との親しげな「会話」を楽しみたいのかもしれない。講演の「講」にはさほど関心がなく対話する気もない。知的「演」を楽しみたいのかもしれない。しかも、無料で楽しみたい。ここには、地域の課題をともに考えようという創造の機会、まさに「対話」は皆無である。

　一方で、講演内容とはまったく関係なく、環境問題や日本の戦争責任など、討論をしかけて来る聴衆もいる。たいていは陳腐な議論であるが、講師側（筆者）は、講演会場で質問者に恥をかかすわけにもいかず、といってディベートする必要もないので、あやふやに答える。これは、知的討論のような場を楽しみたい、そして大勢の前で満足感を楽しみたいという、いささか迷惑な、討論の形をとったその実「会話」の要求なのであろう。いや己の論理を評価されたい誘導的な討論的色彩をおびた「会話」なのかもしれない。

2）対話と参画

　前近代のムラ社会（藩政村）では、江戸時代の水利組や農作業の共同組織である結（ゆい）、入会山の管理、漁区や林地（松茸など）の口開け（解禁）など、労働交換・経済慣行、さらにはローカルファイナンスとしての頼母子講（相互の定期出資による地域金融）などが、在地村方支配や宗門人別による支配制度のなかに組み込まれていた。ムラの労働と経済・金融・政治が一体化した、顔の見える関係で、親しい人同士の衆議によるすり合わせ（会議 meeting ではなく衆議 council）が行われた（p.p.166-178）。ときには村八分が決められ、ときには一揆や水争いでの決起など、ムラの政治重要決議がなされた。合意を目的とした対話がなされた。それは、3日3晩に及ぶ、食事や一時帰宅を交え、ときに右に曲がり、左の話題に振れる、念入りな熟議による相互の「納得」を求めた。衆議は「対話」であり、ときに同調圧力となり、ときにムラオサ（村長）ら指導者に対して「物言わぬ風」を作ったが、オサは念入りな配慮と聞き耳をもって、合意型対話をすすめてきた。歴史的に評すれば、これは中世の国人の衆議や、荘園の自律農民（ときに武装している）が地頭の非法と対峙する衆議が、その起源になっている。

　しかし、地域の一体化した共同が成り立たない価値多様な現代社会においては、もの言わぬ風や同調圧力は避けたい。異なる価値観を相互に認め、価値観、情報の差異をすり合わせる対話（ダイアローグ）が、前近代の衆議以上に重要となってくる。しかし実際は、上位下達で、役所の提案をそのまま受け流し、「対話」にならないことも多い。だからこそ、リーダーも、執行部も、そして参加者も「（自分も変わる、相手も変わる）対話」を意識せねばならない。

　まちづくりの現場での「対話」には、先述したような多様な対話手法が用意されている。ワークショップ、ラウンドテーブル、オープンワークなどが試みられている。カフェ（哲学カフェ、科学カフェ、ワールドカフェ）

という対話法もある。大切なのは、説くこと、合意を無理に求めるのではなく、語り合い、出会い、インスピレーション（発見）を得ること、話していて気分の良いわかちあい、対話でゆるくひろげるプロセス・対話経験が重要なのである。

　また、コミュニティデザイン、コミュニケーションデザインなどといった、対話の場のデザインも求められる。

　こうした、対話型まちづくりは、都市計画でも、地域福祉計画でもない。行政の主催する「協働まちづくり」と称する行事に、単に参加して「会話」を楽しむことでもない。ましてや、動員割り当て行事に参列すること（参列）でもない。

　つまり　　　**参列＜参加＜参画・協働**　　　なのである。

　近年、行政では「参画協働」をすすめる条例制定や施策実施が試みられている。しかし、参画とは、みんなで議論する、やってみる程度の参加ではなく、持続的、主体的なエリアマネジメントであり、地域主体の持続的まち育てである。持続的なまち育てのためには、TMO（タウン・マネージメント・オフィス）組織や、条例による地方目的税超過課税分、またはふるさと納税などの寄付を使った支援、住民や外部も含めた心よせあう人々によるクラウドファンディン、少額証券による住民買い付けなどのマイクロファイナンスが必要となる。場合によっては、ファイナンスをともなった対話や、それを含んだ、PFI、PPPなどの官民連携も必要となってくるのである。（PFI、PPPについては、後に述べる）

　しかし、地域金融や地域政策にまで踏み込んだ参画は、多くはない。

3）対話型まちづくり

　欧米には、「まちづくり」という概念が必要ない。

　ドイツでは、自治体の組長に都市計画高権（都市計画に関する最高の権限）が有するとドイツ基本法（憲法）に書かれているからである。欧米で

146

はまちづくり決定権が地域にあることが前提であるので、わざわざ、都市計画と区別して「まちづくり」という表現をする必要がない。

　これに対して、日本では、明治21年（1888年）公布の「東京市区改正条例」で、現在の自治体制度の基礎ができたが、府県は内務省の地方機関であり、市町村もその指導を仰ぐ組織であった。したがって、市町村は、国や府県の許認可に基づかずに、独自に都市計画をする権限と財源をもっていない。

　こうした日本の中央集権的行政における地方組織で、はじめて主体的な地域づくり、文字通り自治が提案されたのが1952年である。雑誌『都市問題』に「町づくり」という言葉が初出した。この時は、都市計画という物的計画を意味する用語としてではなく、むしろ住民による社会運動の意味合いで、「町づくり」が使われたようである[20]。

　こうしたなか1963年、67年、71年の統一地方選挙によって、日本全国に革新系首長…美濃部都知事、飛鳥田横浜市長などがあえて選挙公約で使用した言葉が「まちづくり」であった。

　1981年「神戸市街づくり条例」、そして翌82年「世田谷区街づくり条例」が制定、条令認定された「まちづくり協議会」には自治体に対してまちづくり計画を「提案する権利」が認められた。こうした参加型まちづくりは、神戸では木賃（木造賃貸アパート）密集市街地における修復型まちづくりを原点としており、ワークショップなどの対話が必要とされた[21]。

　この対話型まちづくりは、一気にはすすまず、理解ある自治体から少しづつすすんだ。そして阪神大震災や東日本大震災のような災害をきっかけとして、住民のボランタリーな協働で多くのまちづくり協議会が生まれ、対話型まちづくりは一気にすすんだ。

　今後は、対話によって持続的にまちを育て、人を育て、己が育つまちづくりのため、町をマネジメントすることが求められる。大きな都市開発でも、地域再生でも、小さなリノベーションまちづくりであっても、住民協

働型コミュニティ交通構築であれ、まち育て、人育てをすすめるエリアマネジメントの組織・人材・財源が求められている。ときには大学という「市民」を巻き込み、または大学を核とするまちづくりも必要とされる(p.p.105-107)[22]。

　日本のまちづくりの歴史は、都市計画の限界を超えて、まちづくり（住民）運動へ。それが制度化されたまちづくりから、主体的なエリアマネジメントへ展開しようとしている。都市計画、まちづくり、エリアマネジメントは、「ハコ」づくりから「コト」形成へ、「コト」から持続的な「マネジメント」へ展開しようとしている。

4) 対話をサポートするまちづくりコンサルタント

　身近なまちづくりの現場においても、特定少数の人々が課題や解決策を議論するのではなく、できるだけ多くの住民が参加する「開かれた」話し合いの場が必要だ。その結果、新たな課題解決の知恵や力が生まれ、まちづくり人材が発掘され、課題解決のための地域ネットワークが形成される。その対話の手法としてワークショップがある。ワークショップとは、参加者が主体的に参加し、体験や話し合いの場を共有するなかでの、発見、創造する場と定義できる。

　まちづくりコンサルタントのなかには、様々なまちづくり運動から、その専門性を活かしてまちづくり会社を経営する専門家も少なくない。小樽運河の保存運動に学生時代から参加してきた石塚雅明は、まちづくり運動のまま、地域対話型のコンサルティングを経営するようになった[23]。

　また、神戸の建築家・水谷穎介は町単位での住人の活動を中心とした「まち住区」という理論を提起し、神戸市企画局と1974年に「まち住区素描」として検討を開始した。まち住区は、ニュータウンの住宅計画で近隣センターを核として適正配置計画するという近隣住区とは少し異なり、環境・経済・地域が自律した生活圏を形成していくという、計画論とは異なるまちづくり運動であった。神戸のまちづくり株式会社コープランは、水谷の

弟子たちが設立し「まち住区」の建築運動を実践的に展開し、阪神大震災復興市民まちづくり支援ネットワークなどの活動で、その実効性・有効性が確認された。

　コープランやまちづくり支援のコンサルタント・行政職員・NPO職員らが推進役となって、神戸ワークショップ研究会が発足し、対話型の地域づくりは、阪神大震災後、（特）神戸まちづくり研究所にも展開し、そこから東日本大震災被災地、熊本地震被災地の復興支援活動に波及している。ワークショップなどの対話法は、市民まちづくりの展開、被災地支援にともなって、全国に普及していった。

5）対話の社会的意味（合理的他者理解）

　対話的合理性によって形成されるハーバーマス[24]的な討議の空間は、コミュニケーションの反省（reflection：内省）形態であるといわれる[25]。ハーバーマスによれば、対話的合理性とは、目的合理性ではなく他者理解を前提とする合理性であると、桂木はその本質を指摘している[26]。

　定性的に本質をつかみとるには、間主観性、あるいは相互主観性のなかにある構造を取得、より正確にいえば「確かめる」ことが必要である。このときの「確信成立（理解したと思える）」の条件は、

　　　・間主観性によるストリーテーリング

　　　・間身体性のなかのデザインコード（行動、視線、配置）

から見いだされる。地域の景観は、人々の生活、歴史からの視線によるストーリーと、配置によるデザインコードからつくられるのである[27]。

　都市計画と異なり、まちづくりでは、ハコたるモノがなるかならぬかではなくて、ストーリーやデザインの共有・理解に大きな関心が寄せられる。ストーリーやデザインに対する共通理解がたとえ十分でなくとも、理解共有しようとする対話的プロセス共有があれば、まちづくりの一歩と考えられる。

ところで、欧米流の寛容は、理性によって不寛容を否定（し）、立憲主義と自由な民主制という受け皿を示す[28]。しかし、多様な生活の相互の摩擦や対立を解決するために、欧米流の民主制は、ときに性急に理性的討論に訴えることがある。討論は、かえって対立と摩擦とを激化させることもある[29]。そうならないように、多様な生活の相互調整と相互寛容を、当事者の理性的討論と自発的秩序感覚のなかで、かつ市場の動態バランスを通じて達成されることが重要となる[30]。

　生活者は、さまざまな対話実践を通じて、公的決定に参加するだけでなく、自由な社会的空間を作り出す。生活者の経済活動参加、ボランタリー活動、宗教活動が自由な社会空間をつくりだす[31]。政策や研究など形式知と、生活経験による暗黙知（民俗）は、実践コミュニティのなかで対話によって結びつくのである[32]。

　自由な社会的空間創造の対話的実践には、代表民主制における政治的対話だけでなく、市場における経済的・社会的対話の実践も含まれる[33]。こうしたとき、多様な人々の「立場」の争いを「利害」の調整に転換し、代替可能領域を模索することが重要である。

　日本には、差異を差異として認めてそれをルール化するという視点が乏しい。けれども、他方で相互変容（習合）としての寛容の精神についていえば、他者と折り合いをつけ、それによって自分が変わっていくという相互変容のエートスがある[34]という特性もある。日本的な「おりあい」が重要なのだ。

　日本語の「公」という言葉には、朝廷（や国家）など国家や権力の意味合いがある。日本では、公、天皇は、公共財であった。だから、日本の歴史では、政変がおきても公共財である天皇は殺されないのである。

　公共性の形成・発展のためには、諸個人のあり方と関係のあり方が重要になってくるであろう。そうすると、「自立」と「連帯」ということが浮かび上がってくる。連帯のより高まった関係のあり方が「共同性」である。

「協同性から共同性へ」とは、協（力をあわせる）にとどまらず、共同による公共性の前進と理解できる[35]。

　対話公共を従来の権力的な公から切り離して、「私」の中にある共同的・公的な志向を受け止めて公的な世界に転換させるものとして、「新しい公共」が構想されている[36]。

　この相互変容・寛容のエートスを、いかにルール化するかが、日本的まちづくりの肝であり、そのルール化、わかちあい（共通確認）が、日本的対話法の役割でもある。

6) 対話の社会的意味（公共性のために）

　対話の起源は、欧州の歴史で考えれば、17 − 18 世紀の、ロンドンのコーヒーハウスにおける公共的討議空間と言われている。教養と財産を持つ市民の公衆的議論、公衆的判断力、いわば市民的公共性[37]に求める考え方である。

　しかしながら、価値多様な、かつ民主化（裏側に大衆性を併置）された現代社会においては、多様な生活の相互調整と相互寛容による自由で理性的な対話が大切である。対話の必要性はリベラリズムに共有される信念であった[38]。

　生活者は、さまざまな対話実践を通じて、公的決定に参加するだけでなく、自由な社会的空間を作り出してきた。生活者の経済活動参加や、ボランタリー活動、宗教活動への参加が対話を通じて展開してきたのである[39]。

　しかし、大衆社会においては、一方で衆愚的な危険性が残されている。ナチスドイツは、ワイマール民主制から排出されたのである。また、TVやSNSの影響による、評論家的な態度意見や、匿名性の暴力的な大衆議論、オリンピック反対を特定有名選手に強要するなど、自己執心的政治意思表明 political　correctness[40] は、民主制下の限界を露呈している。こう

したなか、「民を主」より「公を共にパラダイムシフトせよ」という議論がある[41]。つまり、民主性に依拠するシステムより公共性に依拠するシステムの方が、公民関係においてより良い機能を果たしうる[42]という議論である。

「治者と被治者が同一である」という民主性の物語（パラダイム）がその限界に達するなら、公共性へのパラダイムシフトが必要とされる。公共性へのパラダイムシフトは、人々の消極的な「了解」を通じて、「公」を「共」にできていることを担保することで、統合の秩序を形成する物語になるという意見である。民主政治システムの機能が、人々の指示や要求の入力から政策や決定の出力への変換であるのに対して、これからの公共政策システムの機能は、政策への人々の対話的参加、評価の入力から政策や決定の出力への変換になると考えられている[43]。

7）対話の向こうに見える公共、または同調圧力

一歩進んで、サンデルは「共同体主義の公共哲学」[44]を主張し、「自由にはコミュニティ意識や公共心が必要」[45]という。サンデルは「リベラリズムの自我を、空疎な自我概念、「負荷なき自我」として批判し、地域社会やコミュニティに「負荷ある自我」を求め「リベラリズムは悪しき相対主義で、加害者の人権をいうが、公共は道徳に介入すべき」[46]と主張する。人権ではなく、コミュニティの公共善を尊重する立場である[47]。

しかし、戦時中の一致団結、翼賛体制の危険への疑問が残る。草の根民主主義が、いつのまにか草の根全体主義になる危険性をはらむ[48]のである。公共善が、いつのまにか戦時体制の滅私奉公にすり替わってしまうリスクが残る。

そうした危険性に留意する意味でも、多元的な文脈における自治を担う市民の「対話力」、生活の場において多面的に責任を負い多様な人々と対話調整する「交渉力」が市民に求められる[49]のである。いわば、私を活か

し、公を開いていく「活私開公」が求められる[50]。

　さて、ここでいう公共とは何だろうか。

　倉阪秀史は、住民参加はなぜ必要かという議論に対して、公共世界に奉仕する「私民」でない個人が、

　・ステークホルダーとして参加し、

　・公共的意識を涵養するため

と述べている[51]。ハーバーマスも「公共的討論は意思を理性に転嫁させる」という[52]。

6. 参加、参画と出資

1）参加の必要性、アウトプット、専門性
■参加の必要性

図20　対話参加の必要性

　現代の地域社会では、住民の無関心もあり地域活動の担い手は不足し、地域での対話にもとづく自治は難しい。行政としても、対話による住民主体の活動に期待するものの、町内会旅行や、健康体操、高齢者食事会など従来型高齢者支援メニューはあるものの、高齢者活動や既存事業の維持に精一杯という状況であろう。行政は、少ない職員、少ない予算のなかで、多くの苦情、要望に対処することに追われ、事なかれ主義、部局縦割りでのルーチンワークに終始することが少なくない。

　一方で、高齢化対処、なかでも認知症地域支援や、異常気象に対する防災、こどもの安全・地域防犯、家庭内暴力、引きこもり・孤独問題など社会課題山積のなか、地域の互助に対する期待は大きい。

　しかし、実際には、町内会は、行政縦割ごとの下請け（老人クラブ、婦人会、青少年問題協議会、環境委員会、防災委員会、防犯委員会、交通安全委員会、衛生委員会、体育協会、社会福祉協議会、ＰＴＡ）組織からなる校区自治団体協議会[53]に組み込まれていて、その持ち回り当番をすることになる。これでは、現役の人や、子育て中の人は参加できない。会合には、「誰か出して下さい」と持ち回りを強要され、拒否するとつるし上げ

られる⁽⁵⁴⁾。地域活動は、行政末端ルーチンワークの義務（行政の下請け）になりつつある。

　こうしたなか特定の長老支配が一般的となり、長い会議、不寛容で論理的でない意思決定、連続する会議と義務、会計の不明朗さ…などが内在し、町内会役員もPTAも、役員は押し付け合い、たらいまわし、くじ引き不運、共働き不参加への不満が常態化している。こんななか、『町内会は義務ですか』とライトな町内会を始めた事例も出てきた⁽⁵⁵⁾。

　地域活動について、こうした課題が山積するなか、そもそも地域活動の方法がわからないという声もある。大阪市では問題山積、期待満載のなか、地域活動に関心のある市民に対話のためのファシリテーション研修を施し、個々の専門職能力（デジタルデザイン、建築設計、会計処理など）のある市民を、専門能力を活かしたボランティア（プロボノ）として位置づけ、ファシリテーション人材やプロボノ人材を、地域公共人材として登録し、課題を持つ地域に派遣する制度を作った。対話能力・専門能力を活かして活動をしようという市民が、他の地域の市民を支援する仕組みである。

　■対話の専門職（プロセス・コンサルタント）

　建築建設に、設計士やコンサルタントが必要なのと同様に、対話のデザインにおいても、幅広い専門性を持つプロセス・コンサルタントが必要である。プロセス・コンサルタントは、

　　①全体プログラムをつくり進行する（戦略家［プロデューサー］＋通訳者［モデレータ］）

　　②組織運営する秘書、引率、鼓舞者（ファシリテータ）

　　③創造プロデュースする問題提議者(ファシリテータ)＋よき質問者＋調停者(メディエータ)の役割をになう。

　しかし、設計士には事業費の10％程度の報酬が用意され、コンサルタントにはコンサルタント契約が見込まれる。しかし、プロセス・コンサルタントに対してはほとんど理解がなく、数値評価しにくいから、予算化が

難しい。行政の建築建設計画での実際は「予算がないので、ワークショップでも、やりましょうか」という位置づけになってしまう。

■参加のアウトプット

表13　参加のアウトプット

①意思決定への参画	さまざまな参画を用意する(広報・ヒアリングから地域経営・出資まで)
②相互学びあい	体験を共有するプロセス→気づき
③関係性づくり	体験共有の結果

　地域での対話は、行政広報を受けとめ地域活動に参加するだけではなく、地域への主体的運営、地域経営への参加、場合によっては、少額出資、クラウドファンディングなどマイクロファイナンスへの参加など、より積極的な参加をうながす。地域対話は、相互の学びあいにより、体験共有からビジョンの共同創造へと人々の参加をより積極的にすすめる。

2) 参加のデザインの3側面

　参加のデザインには、プロセスデザインと参加形態のデザイン、プログラムデザインの3側面がある。ここでは、まちづくりにおける参加のデザインについて3側面を述べる。

　■プロセスデザイン…まちづくりでは、ビジョンづくり（基本構想段階）または修正提案（基本計画）で、情報公開と住民参加、利用者参加の対話を工程計画にプロセスデザインしておくことが重要である。基本設計段階では対話結果を活かすことが可能だが、実施設計段階（本格着工直前）では事後の使い方など限定された部分にしか、対話成果を反映できない。どこでどのような対話をするのかデザインしておかなければならない。

　■参加形態のデザイン…まず第一に、設計や都市計画の素人である住民に、

ビジョンづくりはともかく、設計にコメントする能力があるのか？という議論がある。しかし、J.B. ジャクソン（地理学者）は「まちの景観は、それを作り出す社会以上には美しくならない」[56]と述べている。当事者性、生活総合からの意見は重要である。そのためには、住民自身がプロセスを把握し、対話から発見し、その発見を活かす能力を持つ必要がある。高校大学の探究教育は、そういう良き市民を育成する側面もある。

　では、誰をどのように集めるか？

　通常の都市計画事業では、土地、建物の所有者、再開発事業に関しては加えて営業権を持つ者しか、意見を述べる権限がない。借家人、通行人・利用者には、口をはさむ場がない。しかし、近年では多様な人々との地域での対話が求められている。対話の目的に応じて、参加者を設定し、あらかじめ周知して意見を集めることが重要である[57]。

　さらに、参加形態のデザインとしては、どのような法的根拠にもとづき、対話結果をどこまで反映するのかをあらかじめ明確化して、参加者全員に知らせる必要がある。近年では、自治基本条例や地区計画にもとづく地域での対話によって、多様な人々による参加の自治が可能となっている。たとえば、東京都台東区「谷中地区まちづくり方針」に基づき、特徴ある既存のまち並みの維持・保全に配慮しつつ、街並み誘導型地区計画が実施され、その計画のみならず、事後の地区計画活用に関しても地域の「谷根千ネット」による「谷中の「地区計画」勉強カフェ」http://www.yanesen.net/　がなされている。

　こうした対話の場の特殊解を、どう公衆的共有にもっていくかは難しい課題である。WS は定性的良質の意見集約であり、カフェは良質の意見交換である。これらは、定量的アンケートに勝るとも劣るものではない[58]。

　■プログラムデザイン…WS やグループワークなどの対話を企画するには、プログラムデザインが必要である。流れ図、分担図、ホワイトボードや席の配置図、必要品、人員（ファシリテータ、サブ、記録者、時間管理者、

写真係）、ねらい（掲示）、用具（磁石や紙・水性ペン）を書きだしておくことは、WSの事前基本作業である。場合によってはグループワークのポストイット、水性ペン、模造紙、カードゲーム[59] の用意も必要だ。

　さらに重要なことは、想定外や事故、臨機応変を想定しておくことも重要である。たとえば、声の大きい人によるデッドロック、対立の先鋭化によるデッドロックにどう対応するかも、用意しておく（想定しておく）ことが必要だ。

　大きな（執拗で、乱暴な）声に対しては、発言者の意図を問い返し、その発言をくみ取ろうと対話者（運営側）が迷っていることを表示する。どうしても議論にならないときは、黙って話を聞き困惑を表示する。そうすると、会場の誰かが助け船の発言をしてくれる[60]。大きな声の人は対話に戻るか、ときには自己に固執して消えるしか方法がなくなる。

　一方で、小さな声も聞き逃さず、引っ込み思案の意思も引き出し、多様な意見を文字化、見える化する。いろいろな意見が、ブリコラージュされ（組み合わされ）大きな集団の意思、意見のわかちあいになっていく。対話結果をまとめあげるファシリテーションには、臨機応変のインプロビゼーション（即興）と、ときに笑いによる弛緩をまぜた運営が求められる。

3）協力金・出資による参画

　より積極的な参画には、出資という方法もある。出資には、公益事業に対する株式や債券のような資金参加もあるが、地方税賦課金のような、強制力のある参画もある。森林環境保全や水源環境の保全・再生に関して、横浜市みどり税、兵庫県緑税などがその一例である。高度経済誌長期には、地方税のなかに余暇税賦課金によって地域ごとの労働者環境を守る企業参画、公害健康被害の補償に関する参画、近年では皆で再生可能エネルギーをひろめようという強制的賦課金が上乗せされ、我々は税金に賦課して参画させられている。これは一般税とは異なる賦課金なのである。

　大阪市には、うめきた開発エリア（大阪駅北側、梅田北地区）に限定した地方税賦課金がある。通称、うめきたエリアマネジメント税といわれる。「都市利便増進協定」（都市再生特別措置法）にもとずき、 2015年4月、日本で初めてBID（Business Improvement District、ビジネス活性化地区）の制度運用がなされた。エリアの地権者12社がこの賦課金に参画し、構成したエリアマネジメント団体「グランフロント大阪TMO」に適用し、まちづくりに使われている。BIDへの寄付金は税制優遇の対象となる。

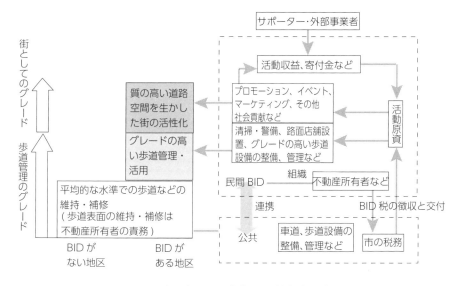

図21　大阪市のBIDビジネス活性化地区制度

　賦課金ではなく、開発行為に直接関わる参画もある。開発出資によるPFI（Privete Finace Initiative 民間資金開発）、開発の官民連携参画によるPPP（Public Private Patnership 官民連携・公民連携）などがある。通常、公的な施設の整備、維持管理は、公的団体の単年度の税金投入でなされ、仕様書による価格競争入札で落札した民間業者が請け負う。しかし、近年、行政の持つ資産（土地、建物）の維持管理、建設が難しくなってい

る状況で、民間資金開発や官民連携がすすんでいる。仕様書によるサービス水準・性能・機能による評価、共有するビジョンが重要で、官と民のリスク分担によって開発参画がなされる。公共工事の品質確保の促進に関する法律にもとづき、誰がやっても同じものは競争入札だが、官民連携はビジョンの共有、プロセス合意が必要で必ずしも競争入札としない。

表14　多様な公共施設運営方式

比較項目	① 直営方式	② 業務委託	③ 指定管理者制度	④ PPP コンセッション
経営自由度	官	ほぼ官	弱官管理	民
事業期間	単年	単年	1-5年	10-31年　（上限なし）
資金調達	官	官	官	民
料金徴収	官	官	官	民
運営リスク	官	官	官	民
発注方法	官が直に	仕様発注	仕様発注	性能発注
契約制度	しない	委託契約	行政処分	契約

大阪大学COデザインセンター招へい研究員天米一志さん提供資料、筆者簡略化

　表14は、PPPを多数企画してきた天米一志（現大阪大学博士課程）さんの提供資料だが、

　①は現状の行政管理であり、②は委託管理、③は管理方法の工夫（仕様）をもとめるものである。③でも、地域の住民団体に公民館等の管理運営、駅前の自転車整理を指定管理し、地域の参画を促す自治体の工夫も少なくない（日立市、大阪市など）。

　一方、都心に遊休地、維持コストがかかる古い建物があり、図書館、母子センター、サードプレス、図書館などが必要でも、再整備するのが難しいことも多い。行政が土地をそのまま売ってしまえば、業者は利益最大をめざして、高層マンションを作ったり、ときにはパチンコ屋、馬券売り場

が作られることもあり、問題は複雑化する。表14の④PPPのように、行政の土地を、民間開発業者の参画を得て、かつ仕様のなかに住民参加を明記し地域の利益・参画を促し、事業者の開発利益、公的役割を分担した、開発プロジェクト（コンセッション）も珍しいことではない。場合によっては中長期間にわたって定期借地とする場合もある。その10〜20年の賃料（10〜20年の定期借地にすることもある）・管理料相当分をもって、先行の民間開発し、床を業者開発床と公共床に分ける方法もある。

　住民と企業市民を巻き込んだ、多様な参画が、各地で模索されている。

【注】

(1)   https://toyokeizai.net/sp/visual/tko/covid19/

(2)   あそび22号の雑誌備忘録「勝手に店子連」https://ameblo.jp/abi22go3822/
entry-12688193613.html

(3)   （トカミ[2020年04月15日] https://hotokami.jp/articles/218/

(4)   安斎勇樹、塩瀬隆之『問いのデザイン―創造的対話のファシリテーション』学芸出
版、2020年

(5)   プラハードC. K.ベンカトラマスワミ、有賀裕子訳『価値共創の未来へ―顧客と企業
のCo-Creation』ランダムハウス、2004年

(6)   マグレイス・リタ、鬼澤忍訳『競争優位の終焉』日本経済新聞出版、2014年

(7)   鈴木隆『仕事に効くオープンダイアローグ―世界の先端企業が実践する「対話」の
新常識』KADOKAWA、2019年

(8)   秋田典子「まちづくり条例の発展プロセスに関する研究」『日本都市計画学会都市
計画報告書』第7号、2008年4‐1‐40頁。浅海義治ほか『参加のデザイン道具箱』世
田谷まちづくりセンター、1993年。伊藤雅春『参加するまちづくり―ワークショップ
がわかる本 (百の知恵双書)』大久手計画工房、2003年

(9)   通常、白地地域とは、建築基準法別表第二で指定された都市計画区域内における、
「第一種低層住居専用 地域」「近隣商業地域」「準工業地域」など、用途と建ぺい
率などが指定されていない地域をさす。阪神淡路大震災復興まちづくりでは、「再
開発」や「区画整理事業」など、都市計画決定されない地域を、慣用的に指してい
た。

(10) 森栗茂一、平川秀幸、西村ユミ「2011年度ワークショップ入門講座」
『Communication−Design』7、2012年、p.p.19-32

(11) 中野民夫『ワークショップ―新しい学びと創造の場』岩波書店、2001年

(12) 鷲田清一『「聴く」ことの力―臨床哲学試論』筑摩書房、2015年

(13) 平田オリザ『わかりあえないことから―コミュニケーション能力とは何か』講談社、
2012年

(14) 安斎勇樹、塩瀬隆之『問いのデザイン: 創造的対話のファシリテーション』学芸出
版、2020年

(15) 石塚雅明『参加の「場」をデザインする―まちづくりの合意形成・壁への挑戦』学
芸出版、2004年

(16) 初出：森栗茂一、平川秀幸、西村ユミ「2011年度ワークショップ入門講座」
『Communication−Design. 』7、2012年、p.p.19-32

(17) 宮台真司「まなびとワークショップの社会学」苅宿俊文・佐伯胖・高木光太郎　編『ワークショップと学び1　まなびを学ぶ』東京大学出版会、2012年、p.p.178-184

(18) 中清隆「まちづくりラウンドテーブルで地域課題の顕在化を未然防止する」『市町村アカデミー』Vol. 97、2011年、全国市町村国際文化研修所

(19) 三戸尚史「社会科・公民科指導におけるディベート学習の実践：主体的・対話的で深い学びという視点から」『名寄市立大学社会福祉学科研究紀要』第7号、2018年、p.p.31-48

(20) 渡辺俊一, 杉崎和久, 伊藤若菜, 小泉秀樹「用語「まちづくり」に関する文献研究（1945〜1959）」『都市計画論文集』32 巻、1997年、p.p.43-48

(21) 卯月盛夫「［まちづくり］実践手法(第4回)住民参加とまちづくり：『現場原寸ワークショップ』の実践」『アカデミア』104、2013年、 p.p.28-31,

(22) 森栗茂一、佐伯康考、中尾聡史「大学を核とした共創まちづくり」『実践政策学』第5巻第1号、2019年、p.p.31-36

(23) 石塚雅明『参加の「場」をデザインする―まちづくりの合意形成・壁への挑戦』学芸出版、2004年

(24) 『公共性の構造転換』『コミュニケーション的行為の理論』を著した公共圏・コミュニケーション理論を展開した、20世紀ドイツの社会哲学者。

(25) 齋藤純一『公共性』岩波書店、2000年、p.p.33-34

(26) 桂木隆夫『公共哲学とはなんだろう』勁草書房、2005年、p.27

(27) 貫成人『経験の構造―フッサール現象学の全体像』勁草書房、2003年

(28) 桂木隆夫『すれっからしの公共心』勁草書房、2009年、p.92

(29) 桂木隆夫『すれっからしの公共心』勁草書房、2009年、p.92

(30) 桂木隆夫『すれっからしの公共心』勁草書房、2009年、p.93

(31) 桂木隆夫『すれっからしの公共心』勁草書房、2009年、p.96

(32) サンドラ・M. ナトリー, イザベル・ウォルター, ヒュー・T.O. デイヴィス 著, 惣脇宏他訳『研究活用の政策学』明石書店、2015年、p.p.223-224

(33) 桂木隆夫『すれっからしの公共心』勁草書房、2009年、p.97

(34) 桂木隆夫『すれっからしの公共心』勁草書房、2009年、p.113

(35) 飯田哲也・浜岡政好『公共性と市民』学文社、2009年、p.p.43-44

(36) 飯田哲也・浜岡政好『公共性と市民』学文社、2009年、p.p.2-4

(37) 桂木隆夫『公共哲学とはなんだろう』勁草書房、2005年、p.p.22-23

(38) 桂木隆夫『すれっからしの公共心』勁草書房、2009年、p.91

(39) 桂木隆夫『すれっからしの公共心』勁草書房、2009年、p.96

(40) 原則的には必ずしも正しくはないが、時世上は正当であると社会的に認識されてい

る，他人に押し付けることを前提として用いられる価値規準のこと

(41) 村山皓『政策システムの公共性と政策文化』有斐閣、2009年、p.p.ⅱ-ⅲ

(42) 村山皓『政策システムの公共性と政策文化』有斐閣、2009年、p.ⅱ

(43) 村山皓『政策システムの公共性と政策文化』有斐閣、2009年、p.p.ⅱ-ⅲ)

(44) サンデル『公共哲学—政治における道徳を考える』筑摩書房、2011年

(45) サンデル『公共哲学—政治における道徳を考える』筑摩書房、2011年、p.60

(46) サンデル『公共哲学—政治における道徳を考える』筑摩書房、2011年、p.p.60-61

(47) サンデル『公共哲学—政治における道徳を考える』筑摩書房、2011年、p.69

(48) サンデル『公共哲学—政治における道徳を考える』筑摩書房、2011年、p.67

(49) サンデル『公共哲学—政治における道徳を考える』筑摩書房、2011年、p.77

(50) サンデル『公共哲学—政治における道徳を考える』筑摩書房、2011年、p.96

(51) 倉阪秀史『政策・合意形成入門』勁草書房、2012年、p.p.27-29

(52) 舩橋晴俊・壽福眞美編『公共圏と熟議民主主義』法政大学出版局、2013年、p.97

(53) 紙屋高雪『町内会は義務ですか』小学館新書、2014年、p78

(54) 紙屋高雪『町内会は義務ですか』小学館新書、2014年、p.p160-170

(55) 紙屋高雪『町内会は義務ですか』小学館新書、2014年、p.p.170-188

(56) 浅海義春他編著『参加のデザイン道具箱』世田谷まちづくりセンター、1993年、p.14
柳田國男も「村の住む人のほんの僅かな気持ちから、美しくもまずくもなるものだということを考えるような機会が私には多かった」（「美しき村」『柳田國男全集第12巻』筑摩書房、1998年、p.246）といっている。

(57) 住民以外を含む多様な市民、外国人を含む対話を、政治的に危ぶむ声がある。しかし、多様性を対話ルールにもとづいて活かしていくことが重要で、政治的な傾きをおそれるあまり、多様な参加者を最初から排除しようとするのは妥当ではない。

(58) 浅海義春他編著『参加のデザイン道具箱』世田谷まちづくりセンター、1993年、p.13

(59) 浅海義春他編著『参加のデザイン道具箱』世田谷まちづくりセンター、1993年、p.45

(60) 浅海義春他編著『参加のデザイン道具箱』世田谷まちづくりセンター、1993年、p.16

第Ⅳ部

物　　語

1) 対話が求められる現代

『令和3年社会生活基本調査—生活時間及び生活行動に関する結果の概要』（総務省統計局、2021年、p.21）によれば、献血を含む健康や医療サービス活動、高齢者・障がい者・子どものための活動、スポーツ・ガイドを含む文化・芸術・学術活動、防災・防犯・交通安全を含むまちづくり活動、自然、リサイクル・ゴミ減量を含む環境活動、国際協力・平和人権活動など、「ボランティア・社会活動」の行動者数は2005万6000人で、行動者率は17.8％となっている。過去20年間の行動者率推移は、男女とも2006年に減少した後は横ばいとなっている。2016年に比べ コロナ禍の2021年では8.2 ポイント低下している。男女別では男性が6.8ポイントの低下、女性が9.4 ポイントの低下となっている。

　一方で、1997年以降、モンスターペアレント、モンスターペイシェン

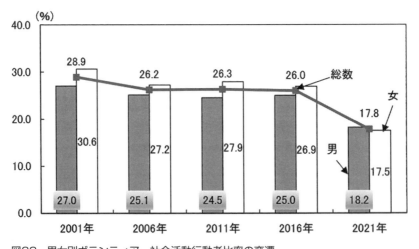

図22　男女別ボランティア・社会活動行動者比率の変遷
　　　（『令和3年社会生活基本調査—生活時間及び生活行動に関する結果の概要』
　　　総務省統計局、2021年、p.21より）

ト、評論家的市民、クレーマーなど、多様なコミュケーションレスが席巻している。現代は、じっくりデータを集め、論理的に考えるより、都合の良いトランプ的ニュースを反芻し、異なるデータを信じない、「学びから降りる」ことが自己満足や自己肯定に結びつく大衆社会でもある[1]。オルテガ『大衆の反逆』では、皆が同じだからこそ、「俺様唯一」を信じ込み、それをリードしてくれるトランプ大統領のような心地よい声を求めるのかもしれない[2]。こうしたなか、地域活動に参加し住民議論(以下、衆議とよぶ)することは、今日、極めて困難である。

　地域のインフラ整備でも、個別専門知識のみでは解決できない複合課題を視野に、現場知を基礎にしたコミュニケーションによるフレームの再構築が必要[3]との指摘があるが、現実は、合意形成に向けた衆議の場を設けることすら容易ではない。

　合意形成について、ゲーム理論とミクロ経済学の理論を使った研究に、松浦正浩『実践！交渉学―いかに合意形成を図るか』[4]がある。松浦は、二者間交渉のBATNA（不調時 代替案）・ZOPA（合意可能領域）・パレート最適といった概念を使い、社会的な合意形成に提供し検討している。その結果、松浦は「立場」ではなく「利害」（著者補足：地域の共通利益）に焦点を当てるとWin － Winな合意形成が可能との、興味深い指摘をしている。

　しかし実際の計画プロセスでは、そうした論理的思考は難しい。ステークホルダーの立場の違いにより「正義」が異なり、異なる「正義」の応酬が相互不信を生み、その相互不信がからみあい、議論が膠着することも少なくない。長良川河口堰の第3回円卓会議（1995/3/27）では、建設省が必要な（公共のための）インフラ整備事業を説明し、理解を求めているのに対して、環境運動の市民（居住者ではない）は、「A氏：円卓会議はですねディベートの場なんですね。話し合いの場なんですね」と述べている。環境派市民は、自分の環境正義に向けて建設省を論破するこ

167

とが、話し合いだと述べている。最初から、合意形成をめざした衆議ではなく、説得とディベート（言い負かし）による相互ディスコミュニケーションであった[5]。一方、大多数の無関心のなかで、まちづくりや国土計画事業は、行政手続きに終始し、充分な議論は少ない。

単なる多数決ではない「熟議」の提案[6]や、タウンミーティング、コンセンサスビルディングが模索されている。個々の地域課題に対しても、パブリック・インボルブメントやパブリック・コメントなどの制度が整備され、「社会資本整備の合意形成円滑化のためのメディエーション導入に関する研究」[7]、『土木とコミュニケーション』[8]、『合意形成論—総論賛成・各論反対のジレンマ』[9]などの衆議の政策研究もすすんでいる。また、ワークショップ技術[10]やメディエーショ理論の研究もすすみ、対話の実践研究も増えている[11]。

にもかかわらず、地域での衆議が機能し「新しい公共」（新しい公共をめざした対話の試みが、各地で試みられているが、「試み」を越えるものではない）が進展しているとは言いがたい。地域活動が衰え地域対話が難しい状況をふまえ、本論では、わが国の衆議の文化にさかのぼり、現代日本の社会と人々が、より納得できる、受入可能な日本的衆議を考察することを目的とする。

2）日本の衆議文化

日本では、寄りあいや家族の行動には、同調圧力がかかることが多い[12]。この同調圧力の前提には、「（私の罪・瑕疵の有無は別として）世間を騒がせて申し訳ない」という「世間」がある。事の是非、正否はともかく、世間とのおりあいに混乱を招いたので、非難の圧力がかからぬうちに、謝っておこうというのである。

世間とは、欧米キリスト教文化下でいわれる、神の下に契約した個人がおりなす「社会」ではなく、見知ったなかでの息の長い貸し借り（個

別損得を言わない)、よく言えば信頼関係、悪く言えばもたれあい無責任関係である⁽¹³⁾。世間を構成する二つの原理として、「長幼の序」「贈与・互酬」があり、さらに「世間の名誉を汚さない」という掟がある⁽¹⁴⁾。日本人は好むと好まざるにかかわらず、その大小にかかわらず、重層的に「世間」に存在しており、「長幼の序」「贈与・互酬」などの原理を守って、その名誉を維持せねばならない。つまり、個人が犯罪をおかしたかどうかが問題なのではなく、世間を汚した、騒がしたことが、「長幼の序」に傷をつけ、「贈与・互酬」のバランスの場を混乱させたことが問題なのである。

　だから、人々は世間の動向に注意をはらった。日本一歩いた男として有名な民俗学者・宮本常一は、各地を歩き、見、聞くなかで、自らを「世間師」と呼んだ。昔は、旅芸人、山伏・民間宗教者など、各地を渡る人々が情報や知識を伝達し、ときに歓迎された。こうした人々が「世間師」とよばれた。映画『男はつらいよ』シリーズ（1969 〜 1995 年渥美清主演、山田洋次原作・監督映画）の主人公、香具師の「フーテンの寅」は、毎回、日本各地の美しい風景を背景に、ときにコミカルな恋を交え、人間の道理を物語る。寅さんは、まぎれもなく世間師である。映画『男はつらいよ』が、長く愛されたのは、彼が世間の道理を物語るからである。

　こうした世間のなかの日本の伝統的自治組織には、結、会所、講、座、連という地域組織がある。

① 　結：共同体ごとの生産性・流通性に結びついた多様なサービスを用意した相互援助システム（フルーツバスケット）。短期の等量労働力の交換的な水平契約である。構成員の活動の多様性を保証し、労働とともに神や物語、芸能があることで、共同生活の不平・不満を回避してきた⁽¹⁵⁾。

②会所：コーヒーハウスや茶の湯のようなクラブ＝サロン型のしくみ（広い意味でのボランタリーなコミュニティ）が、経済と文化

を同時に創発してきた。武士・禅僧の茶の湯による会所や、町衆（地下）の会所、納屋十人衆などはサロン型合議であり[16]、好み[17]によって運営され、車座、寄り合いによる水平の合議による編集をしてきた[18]。衆議による権力との対立があっても、衆議和合を基本に結束して対処した。

③ 講：共同体の不確実性に対処する（救済）ために議論した。山林・海洋資源保全のための山の神講・海神講があった。頼母子講、無尽など拠出しあった資金を用い、その利益で保険・貸付機能を持つ講もあった。同業組合の講や、勧進（寄付）のための講もあった[19]。

④ 座：祭祀共同体からの発生し、全員にロールがあり座が決まっていた。神事の後に直会（共食）があった。神事の座が惣村の座になることもあれば、産業ごとの座、芸能の座もあった。惣村では「衆議」の決議で「公」として発言・交渉し、有事には戦闘体制にもなる[20]。

⑤ 連：同好のネットワークであり、評判で評価された[21]。

　都市では、②会所での議論や⑤連のネットワークがあった。村方では、特定の有力者によって④宮の座が組まれ、祭事が運営される。また①田植えなど結の共同作業がなされ、用水の管理がなされた。その終了には芝居やハレの年間行事がある。こうした祭事、村方作業、娯楽には、ムラの若者年齢集団（若者組、後の青年団）が活躍し、年齢集団のなかで、「世間の掟」「世間の道理」が伝えられた。

　このように、前近代の日本には衆議が難しい現代とは異なり、多様な衆議文化が存在していたことが確認できる。では、どのような議論を、どのような形式とファシリテーションで、どのような時間配分とインタバルですすめたのか。その衆議文化の詳細は伝わってこない。日常の会議記録は、ことごとく「恐惶謹言」「依って件の如し」とのみ記されるのである。

3）近現代の衆議と政策的現代

⑴神戸市長田区真野地区のまちづくり

　そこで、近代の地域での衆議の展開を考察することから、近現代の衆議を考察する。神戸市長田区真野地区は、市民主体のまちづくりとして有名である。しかし、その歴史を見ると、漁村の青年会の衆議、その議論のなかからの公害反対運動がおこっている。ゆえに、地域の「結」を基礎とした衆議が、公害反対運動を推進し、地域づくり物語としてのまちづくりに転換し、阪神大震災後は、地元企業との連携まちづくりに展開していった（表15）。

表15：真野地区における衆議の概要

1955–1975年	45haの地区に260社にもおよぶ工場と老朽住宅が混在。粉塵,悪臭,騒音,振動＋拘束道路等の排ガス＋河川水質汚濁の「複合汚染」⇒「かるも喘息」
1966年	公害反対住民大会 行政×住民→公害企業移転先を幹旋。行政の公害防止設備助成の仲介
1970年	「真野まちづくり構想」⇒「神戸市まちづくり条例」⇒まちづくり協定第1号⇒国　都市計画と建築基準法をつなぐ「地区計画制度」
1971–1977年	尻池公園から南尻池公園の開設まで、大小9カ所の公園整備 建設省：緑化推進モデル地区
1978・80年	「寝たきり老人の入浴サービス」「ひとり暮らし老人給食サービス」
1980年	真野まちづくり推進会
1995年	阪神大震災復興まちづくり→NPO法人「（有）真野っこ」⇒三ツ星ベルトと連携
1997年	真野ふれあい住宅
2006年	暴力団事務所追放運動

（山花雅一「住民主導・行政参加のまちづくり運動」『新都市』49-2、1995年、p.p.32-40）

　中世の惣村でも、代官の非法、災害など、惣掟にもとづき寄合が機能し、一致して対処してきたが、それを思い起こさせるような衆議機能が、根付いている事例でもある。

(2) 地域崩壊の近代

一方で、多くのムラでは、近代化のなかで地域が崩壊することも多い。宮本常一は、酒と歩み寄り、篤農家の指導というムラの仕組みが、1960年代高度経済成長期、出稼ぎで崩壊するプロセスを描いている。

「異民族が少なかったから、日本人は自分で喋れない、酒の力を借りる。落語・講談の話術に語らせる。だから、会議や討論をしない。異なる意見の歩み寄りが大事だった[22]」という。対話よりも、（よく言えば）歩みより、ときには（悪く言えば）同調圧力で歩みよらす文化であった。宮本は次のように具体を述べている。

良いかどうかは別として、理詰めだけでは日本の社会は動かない。納得いって、歩み寄ることが大切だった。その歩みよりは篤農家がリードした。篤農家は技術者であり経営指導者であり、教育者であり、郷党のなかにあった。しかし、1948年の農業改良助成法による農業改良普及員による農業指導が一般化すると、篤農家は沈黙した。補助金が人々を誘った。こうして、日本の村は自分で考える自主性、地域で支えあう力を失った[23]。

宮本は、「あゆみより」「篤農家のリーダーシップ」に、日本的合意の良い面を見ていたのかもしれない。しかし、歩み寄るリーダー（調整役）を日本の村が失い、人々はバラバラと出稼ぎするようになる。その様子を、宮本は「出稼ぎ貧乏」として記述している。

岡山県奈義は名神高速（の工事）に600人出た。（工事出稼ぎによって）夫婦別居となる。すると、飲酒、博打、女の味が出る。役場近くの30戸のうち7軒が飲み屋である。出稼ぎに行くほど貧しくなる。食糧管理法で（農家が）管理され、1960年頃から、最初、鶏肉の買占めがあり、次に豚肉。1969年から自主流通米が入ると、コメも三井、三菱が酒米を買いあさる。伊藤忠は米菓用もち米、丸紅飯田は、米菓・ビール用屑米を買いあさる。挙句、海外との競争となる。独立独歩、村の自主性などあ

ろうはずがない⁽²⁴⁾。

　結局、戦後の地域づくりはリーダーを失って自治ができなくなった。これにかわって、公害反対闘争、ダム建設反対闘争、成田空港反対闘争、さらには長良川河口堰反対闘争など、外部市民リーダーの扇動が、地域を巻き込んでいった。こうしたなかで、地域の自治力は確実に落ちていった。地域の衆議による形成的物語を共有するのではなく、外部の闘争理論があてがわれた。衆議や物語などあろうはずがなかった。これを一般化、図化すると、図23のようになる。

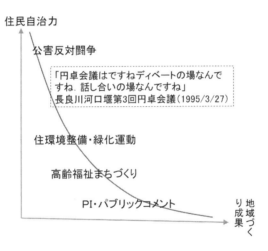

図23　住民自治力と地域づくり成果の経年変化

　こうして、世間と絆、集う衆議を失った高度経済成長期においては、公害や開発計画に、異議申し立てを行う市民運動が注目されるようになってきた⁽²⁵⁾。

　1997年河川法改正以降、開発計画が論争になる前に、情報と場を設け、アンケート意見聴取をして計画をすすめるほうが効率的であるとして、パブリックインボルブメント手法（PI）が制度化した⁽²⁶⁾。PIは広域のイン

フラ整備には有効である。PIの延長線上に、そのインフラを生活地域の
まちづくりにどのように活用するのか、ビジョンにてらして整備計画の
一部修正を提議するといった衆議があれば、インフラの整備効果をより
高めることが期待できた。

　しかし、高度経済成長を経た今日、住民は地域を自立的に考える、議
論する「衆議」を失い、地域活動の担い手もモチベーションも不足して
いる。こうしたなか、行政が縦割り（河川局なら河川のPI、道路局なら
道路のみのPI）情報を、一方的に提供するだけでは、地域の主体的議論
にはならず、住民は服従・依存か、反対・無関心にしかならない。

　日本の地域自立のなさ、談合体質が批判されるが、地域の自立的衆議
を潰し依存体質にしたのは、補助と統制、効率主義による全国制度では
なかったか[27]。筆者も、徳島県阿波市の山中で、農家の老人から同様の話
を聞いた。

　　戦後に、それ乳牛だといって、補助金でサイロを建てたが、酪農で
　　は食べていけなかった。今度はバイオマスだという。施設は作った
　　がうまくいっていない。結局、子どもは麓におりて、会社勤めをし
　　ている。

　今、自立した地方創生がいわれるが、学校や道路といったインフラ整
備のみにとどまってはいけない。かつての世間師のような、外部の第三
者による、インフラ整備の意味を説明し、活用を方向づける衆議のメディ
エータを提供する必要がある。インフラ整備の情報を、地域の衆議に提
供し、自立的な総合的地域づくりを検討する機会を提供する必要がある。

　メディエーションの人材と衆議の機会を提供してこそ、地方は本当に
創生できるのではないか。では、どのような衆議文化が日本にはあった
のか。次節では、宮本常一の報告をもとに考察する。

4）宮本常一の描いた衆議の世界とその課題

⑴宮本常一とは

　宮本常一は、民俗の深みから地域づくりを考えた稀有の人である。渋沢敬三（元大蔵大臣）に請われ全国を歩き、見、聞くことをしてきた人である。

　戦中に、大阪府食糧自給事情調査をおこない、戦後の食糧調達のあり方を検討している。戦後は、篤農地主の役割調査（昭和21年、新自治協会）、水産資料整備委員会（昭和24）、離島振興法（昭和28年）に関わり、離島振興協議会事務局長をしている。また林業金融調査会（昭和29）の調査に関わっている。離島振興法、林業調査会に関わった宮本が、なぜ、『忘れられた日本人』の冒頭に「寄り合い」を描いたのであろうか。おそらく、宮本は、「衆議こそが、民衆の暮らしから考える国土形成（主体的地域づくり）の基本である」と考え、日本人、日本の衆議を模索、提案したのではないか。

　⑵　宮本常一の描いた衆議

　日本の集落は、家父長的イエ制度の強い東日本と、横結合の強い西日本に分かれる。西日本ではムラでの衆議が、ムラの運営にとって重要であった。宮本常一は、『忘れられた日本人』の冒頭、西日本に属する対馬のムラの衆議を報告している。

　　　伊奈の村は対馬も北端に近い西海岸にあって（略）私はその村に三日いた。二目目の朝早くホラ貝の鳴る音で目がさめた。村の寄りあいがある（略）明治以後は区長（元役人）と総代（百姓代表）がコンビになって村のいろいろの事をきめていくのである（略）「この古文書をしばらく拝借ねがえまいか」（略）寄りあいにかけて皆の意見をきかなければいけないから、借用したい分だけ会場へもっていって皆の意見をきいてくる。（略）（なかなか戻って来ないので）いってみると会場の中には板間に二十人ほどすわっており、外

175

の樹の下に三人五人とかたまってうずくまったまま話しあっている。（略）村でとりきめをおこなう場合には、みんなの納得のいくまで何日でもはなしあう。はじめには一同があつまって区長からの話をきくと、それぞれの地域組でいろいろに話しあって区長のところへその結論をもっていく。もし折り合いがつかねばまた自分のグループへもどってはなしあう。用事のある者は家へ帰ることもある。ただ区長・総代はきき役・まとめ役としてそこにいなければならない。とにかくこうして二日も協議がつづけられている 。

　　（宮本常一『宮本常一著作集第10巻』、未来社、1971年、p.p.7-11）
この寄り合いの構造を、表16にまとめた。

　寄りあいの議論は、三日三晩、充分に話すことに意味があった。その議論の構造は、

　　①相互に傾聴し、広範な情報共有をおこない、

　　②そこに、宮本の通訳（文書の内容具体の説明）をはさみ、

　　③長老がおりあいをつけてまとめ、

　　④全員で確認、見える化となる。

ということになる。ときには、大きな声で主張する者があり、混乱することもある。こうしたとき長老の見識（対処、注意）が示される。

　大ぜい集まって話し合っていた。その中の一人が大きい声で何かしきりに主張していた。…ところが一人の老人が、「足もとを見てものをいいなされ」といった。すると男はそのまま黙ってしまった[28]。

　農地改革で皆が自己主張したとき、（老人が）「皆さん、ともかく誰もいないところで、たった一人、闇夜に胸に手をおいて、私は少しも悪いことはしておらん、私の親も正しかった、祖父も正しかった、私の土地は少しの不正もなしに手に入れたものだ、とはっきり言いきれる人がありましたら申し出てください」といった。すると、今まで強く自己主張していた人がみんな口をつぐんでしまった[29]。

表16　ムラの衆議の議順、内容、対話法

	衆議内容	対話法
1	地域組でよく語り合い,区長へ持って行く	班議論
2	区長総代は聞き役	傾聴
3	「よく話し合おう」という結論	熟議の必要
4	「昔,文書を借りて返してくれなかった」	リスクの指摘
5	関連ある話,多様な話	話題展開（拡散）
6	まったく異なる話に移る	話題転換
7	「帳場この中身は何か。役立つなら見せてはどうか」	意味の吟味
8	長老「見れば悪い人でない,話を決めよう」	人の見定め
9	外で話していた人も窓により,話に参加する	皆の参加（共有化）
10	（求められて宮本が）古文書の内容,鯨捕獲の際の着物・化粧禁止を説明	意味の理解（通訳）
11	鯨が捕れた頃の話	意味の再発見
12	（宮本を案内した老人が）どうであろう貸してあげれば	動議（まとめる）
13	あんたがそういうなら良かろう	個人信用による動議賛成
14	区長「それでは私が責任を負いましょう」	責任者の責任引き受け宣言（おりあい）
15	借用書を書いて,皆の前で読み上げ	契約書,読み上げ確認
16	区長「これでようございますか」	念押し
17	皆「ハァそれで結構でございます」	合意形成の確認
18	みんなの前で古文書を渡す	結果の見える化

　これを、同調圧力・老人支配とみるか、ムラの長老の見識と見るかは難しい。しかし、大きな声の自己主張と、「世間」の同調圧力がコミュニュケーションレスでせめぎ合う現代からみれば、相互傾聴から、差異を差異としてみつめ、長老が微調整、おりあいをつける伝統的な地域の対話法には、参考にすべき点があると考える。日本の寄り合い衆議における「腑に落ちる（ふりかえってみれば〔俯瞰〕確かにそうだ）」という納得的合意（ハイデッガーのいう存在了解[30]と類似すると筆者は考える）は、現代の土木計画におけるデータによる（専門家の）自己正当化、行政側の説得的コミュニケーションとは異なる価値がある。

5）現代日本の衆議の政策的現在

PI（パブリック・インボルブメント）の目的の延長線上には、豊かな国土づくりのみならず、いくつものインフラを活かした自立的な地域づくりがある。その遠みを目指すには、PI が情報提供のみに閉じるのではなく、人々の腑におちるような衆議が必要である。宮本が経験した衆議は、

- ・相互の傾聴、広範な情報共有
- ・第三者をはさみ
- ・長老がおりあいをつけてまとめ
- ・全員で確認、見える化となる
- ・大きな声の自己主張への長老の見識（対処、注意）

という、生活のなかでの三日三晩の議論であった。

ワークショップやタウンミーティングといった技法や場の設定だけではなく、日本人の忘れた衆議、記憶の底に潜む、集う、わかちあう、聞きあうといった、腑に落ちるような言葉、方法、衆議の場の再発見、リーダー（長老）の役割を、私たちはもう一度思い起こす必要がある。

宮本常一は、「そこに住む人たちの本当の姿を物語るのは話の筋、つまり事柄そのものではなくて、事柄を包んでいる情感であると思う」[31]と述べている。宮本の調査は、「周防大島の百姓」と自己紹介し、対話者との「したしい」コミュニケーションと、対話者に対して「とうとい」と尊敬する視線[32]、信頼関係のなかでの被調査者の一人語りが特徴である。柳田國男には、民俗学の方法として「同情」と「内省」がある[33]。「したしい」と「同情」が同じ意味で使われているかどうかはともかくとして、「とおとい」「したしい」「同情」「内省」といった民俗学の視点が、忘れられた日本の衆議や、衆議から物語られる村の物語を思い起こすとき、衆議は、現代においても有効な方法であると、私は考えるのである。

2.　物語の記述方法

　地域で対話し、コミュニケーションするなかで、地域の物語が共有される。または、新しい方向が共創される、あるいは、お互い気づいていなかった物語が発見される。こうした物語は、地域づくり・まちづくりのみならず、教育の場でも、ビジネスでも重要である。

　ここでは物語のエピソードをどのように記述するのか、その方法について考えたい。具体的には、水俣病被害者のリアルな記述資料を例に、次のような視点で分析した。

　①エピソード、地理的背景・歴史的背景・民俗的背景、考察に切り分けて記述している。

　②考察には、分析者の反省や発見（態度変容）を記述している。

　③命、生活、持続に焦点をあてて考察している。

　④読者の納得（読者の態度変容）が期待されるような考察をしている。

　その結果、地域での漂泊漁民差別が水俣病救済を遅らせたこと、近代工場の登場による地域分断が水俣病の遠因であったことを、明示することができた。こうした分析は、地域研究、実践政策学における質的研究の方法となりえると考える。

1）はじめに

(1)本節の目的

　社会の事柄を究明するには、事実として「社会（のモノ）とは何か」を問う自然科学と、「社会の本質（コトの意味・構造）とは何か」（括弧内、筆者補足。以下同様）を問う人間科学とがある [34]。人間社会の政策科学はモノとコトの複合体である社会を取り扱う [35]。

　しかし、現状の学術世界では、複合体である社会の一部分を切り出し、エビデンスベースドの量的分析・研究が主流である。複合体は複合のま

まにし、全体からその構造をとらえようとする物語研究などの質的研究に対して、「実証的でない」「科学的でない」という批判が強くある[36]。しかし、専門分野だけで発言し、質的研究を排除して専門分野だけで判断するのでは（共産主義国家のテクノクラートの寡頭制のごとく）民主主義が成り立たない。（臨床や生活の現場では量的分析・研究による）専門知をつなぐ「物語」が必要だ[37]。専門知を参考にしながら、全体を見渡し談義し統合する「物語」が求められる。

　質的研究は単なる理論的な研究分野ではなく、現場にいる人びとにとって有効、必需であり、ここに質的研究の優位性がある[38]。研究者側の量的分析・実証視点だけではなく、実際の現場にいる人びと（生活者の当事者性）とのコミュニケーション、どのような了解が読み手に生まれるかという効果[39]、可能性を含めて、質的研究は社会臨床研究のひとつである政策科学にとっては重要な方法である。

　ところが、これまでのナラティブ論、社会構成主義の研究は、（研究者コミュニティ、政策現場、さらには生活者との）共通了解を作る原理（方法）を持たない弱点があった[40]。

　ここでは、政策科学・地域分析におけるエビデンスを仮説し、共通了解が得られるエピソードの構造発見、分析方法、記述法を試み検証する。この仮説検証により、近代客観主義の基礎となったデカルトが提示した「普遍的な認識」[41]にとらわれない、政策科学のための共通了解の第一歩を提示することを本論の目的とする。

　(2) 大きな知識だけでは語れない時代
　右肩あがりの経済をつくった時代には、包括的な知識とか統計的に集計された（近代の）大きな知識（による市場経済システム）が一定条件を所与とした数値的客観によって効率性を評価できた。リスクさえも計算して、リスク回避できた。環境問題をはじめとした「成長の限界」[42]が

見えても、これを外部経済として計算し市場経済がおこす失敗を最小化した。自由経済社会には『選択の自由』[43]があったと思えた時代があった。

　しかし、20世紀末以降、右肩下がりの経済のなかで予想もしないことが起きる「不確実性の時代」では、不確実性を予測し計算することが難しい。こうしたなか現代の市場経済は複雑骨折し、国家の失敗を避けたい小さな政府論と市場経済の失敗を穴埋めする福祉国家論との間で右往左往している[44]。

　不確実性の現代では、市場経済システムや政治的強制力による執行に裏打ちされた強い意思決定システムは限界にきている。それよりも、自由な意思が関係強化（信頼）を求め、間世界[45]をひろげる「弱さを内包するフラジャイルな（壊れやすい）システム」（ボランタリー経済）が必要なのだ[46]。不確実性に対するひとつひとつの現場対処や分散的にもっている小さな知識は、（不確実ではあるが）連携による信頼でつながり、（社会政策に）意味を持つ[47]。山納は、社会のさまざまな場面に従事している個々人が、それぞれ不完全なままに、お互いに矛盾するものとして分散的にもっている小さな知識に注目し、そのつながりやコミュニケーションの場としてカフェ（的対話）を位置づけた[48]。地域づくりやまちづくりなどでは、カフェ（的対話）以外にも、つながりやコミュニケーションはその個別的分散的知識の相互編集であり、そのエピソード記述と知識化、実践活用が求められる。ここに本論の今日的意義がある。

2）構造と公共

⑴「客観性」の限界

　西は学問の客観性とは客観世界との一致ではなく、共通了解（確かにそうだと思えること）をどうつくるかということ[49]だと、「客観性」を再定義している。フッサールは『現象学の理念』で「認識の謎」によって客観を否定している[50]。デカルトの実証主義の主客一致は、つまるところ

主観の認識である。この自分の認識は客観存在それ自身と参照することができず、その「正しさ」を確証できない。カントはこれを「物自体」の認識不可能性として示し「超越論」的問題として誰も突き崩せない難問とした[51]。客観的認識は、限定条件で思い描かれたものだから、後続する体験によって書き換えられる可能性をつねに持つ[52]。

　実はデカルト自身も「客観性」とは言っていない。『精神指導の規則』規則第三に「示された対象について、他人の考えたところ或いはわれわれみずから臆測するところを、求むべきではなく、われわれが明晰かつ明白に直観しまたは確実に演繹しうることを、求むべきである」と述べる[53]。デカルトは、一般には厳しく「客観性」を求めたと理解されるが、実際には直観（よく観ること）が第一であり、第二義的に「または」演繹「しうる」を求めている[54]。

　(2)　竹田青嗣の「本質 (55)（構造）観取」論

　竹田は以下のように述べる。フッサールは「主観−客観」構図を廃棄して「内在−超越」を主張し、一切の認識を主観の「確信−信憑」と考えた。フッサールは、他者の感覚に超越し「確かにそうだと納得することこそがエビデンスと考え[56]、以下の本質（構造）観取の手順を示している。

- 客観（対象）が存在する、という暗黙の前提をいったんなしにする（エポケー＝判断中止 ）
- するとすべての認識は、何ものかが存在するという確信（存在確認）とみなされる
- この存在確信が、どのような条件で主観（意識）のうちで構成されるのかについての、共通の構造と条件を取り出す（観取する）

という作業となる[57]。

　ここでいう本質（構造）観取とは、コトを「単純に知る」だけではなく、観察対象者の心の動きを感じ取り、同時に対応する自分の心の動きを感

じながら対象者に関わり、対象者の力動感が自分の中にも立ち上がり、気づき（自己了解）が促進される⁽⁵⁸⁾というメタ認知である。日常日本語では「腑に落ちる」「納得」と表現され、気づきが促進されそこに発見があれば「目から鱗」と表現される（後述）。

　こうして力動感をもって観取された構造は、人々の行動、実践を突き動かす。専門家の客観的な知識のみで解明できない場合、共通の構造と条件を取り出す方法は役立つものと思われる。

　（3）類的構造（一次エビデンス）

　しかし竹田のいう（現象学的）本質とは、対象や経験を越えた個々の「思い込み」と誤解されやすい。『現象学辞典』では、本質性は類、種として表現され階層性を持つという⁽⁵⁹⁾。

　現象学の歴史においても本質（構造）直観については、誤解に対する反論や継続的な批判的考察がなされた⁽⁶⁰⁾。その結果、初期の現象学は「基礎づけ主義」「同一性の哲学」「本質主義」の色彩を持っていたが、最終的なフッサール的現象学は「反基礎づけ主義」「非同一性の哲学」「反本質主義」に変更された⁽⁶¹⁾。

　しかも『現象学辞典』の事項には「本質観取」はない。本質直観（本質観取ともいう：Wesensanschauung）を、感性的直観に依存しながらも、単にその個体を思念せず、それに対応する類的普遍性を意識する理念化的抽象である⁽⁶²⁾という。貫成人も「類型の受動的形成は経験においてつねに機能する本質直観」という⁽⁶³⁾。竹田も人文科学の間主観において厳密な共通認識は成立しないが、共通構造を取り出すことはできるという⁽⁶⁴⁾。

　構造は「部分と全体との関係」という意味であり、この構造概念を発見し、記述的に分析したのはフッサールであった⁽⁶⁵⁾。本論では「本質」の用語を避け、類的構造を含めた共通「構造」を取り出すことが一次エビデンスであると定義する。

（4）公共的一般性（二次エビデンス）

　人間科学（やそれを含む実践政策学）が当面する、本質的問いに客観的な答えを求めることは難しい[66]。これに対して自分の体験からの認識は、「反省してみると自分の体験は確かにこのよう（な構造）になっている」と、確実性、不可疑性が伴う。これを体験反省的（一次）エビデンスという[67]。

　人間科学を含む実践政策学ではどれほど客観的に記録しても、対象者の発言音声をどれほど大量に記述しても、客観性を持つことは難しい。記述しただけではエビデンスにならない[68]。これに対して、自分の体験、感覚と対象者との対話を、自分にひきもどして反省して考え、その反省を言語化（記述）するなら一定の正当性を持つ。正当性を持つ（対象者と観察者の）合意なら、とり出せる[69]のである。

　知覚されたものは私だけではなく、他我にとっても接近可能だ。知覚経験は私秘的ではなく公共的であり、世界の客観性は諸自我の協働を前提とする[70]。本質（構造）観取における限定的一般性[71]より、読み手や観察対象者が共感し理解しやすい一般性とは「普遍性というよりは公共性という意味での一般性」[72]であり、これを人間科学における二次エビデンスと定義する。

　類的構造や反省的記述による公正性や、公共価値に参照しうるエビデンスは、「客観的」事実を求める限定された狭義の「科学」とは異なる、人間科学を含む実践政策学のエビデンスになりうると、本論では仮説する。

3）接面という方法
⑴接面の方法と反省的エビデンス

　社会的支援や臨床心理の自他関係においては、外部者（観察者）も内部者（対象者）も、またレポートを読む読み手も、「気づき」を育て共有

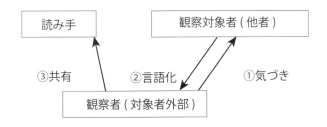

図24　接面の方法

するより、「授業法」とか「ビジネス対話法というような」マニュアルを
もとめる傾向がある。しかし相手の心の動きに気づき、同時に対応する
自分の心の動きを感じながら相手に臨機応変に関わる「接面」という方
法が重要である。接面は人により状況により異なり、あれやこれやと考
える面倒な作業である。学術の主流派である定量のみを信じるエビデン
スベースドな研究者は、現場と葛藤し接面する人を「職人芸」[73] と揶揄す
る。主流学術は接面を個々の技量・キャラクターであって、方法ではな
いという。しかし、接面もまた一つの方法であると私は考える。

　社会支援や臨床心理の現場では、①気づきがあり、その気づきを②記
述（言語化）する作業がある。次に、それを読み手に③共有する[74]。

　　エビデンスを想起する②エピソード記述（言語化）には

　②－1　エピソードはエピソード名、背景、エピソード、考察、と切
　　　　　り分けて記述するとわかりやすい。

　②－2　エピソードは以下の明証性を予期して描かなければならない。

　　　• 私に実感されるものとしての明証性
　　　• メタ意味の実感を想起（現象学的還元）をする明証性
　　　• 観察対象者（他者）にも了解可能と確信する時点での明証性
　　　• 読み手にとっての明証性

というルールが求められる[75]。

　接面は対象者（他者）の力動感が自分の中にも立ち上がり（メタ意味）

相手の心をとらえる基底となる作業である。接面により「目から鱗」「腑に落ちる」「納得」などの理解がすすむこともある。「目から鱗」とは気づきが発見として自己認識された瞬間である。「腑に落ちる」とは「語り手の言葉が、聴き手本人の体験や思いを触発することで、聴き手のなかに反省的エビデンス（確かに自分にも思い当たる）が生まれること」という感触[76]、深い了解である。それを対象者に投げ返し、気づき（自己了解）が促進される[77]。対象者のエピソードの力動感と自己の気づきとの往復運動（①⇔②）、言いかえれば間主観的にわかる、間身体的に響きあうことが一次的エビデンスである。そうした気づき、反省的エビデンスを通じて、「確かにこのようになっている」と対象者または読み手に確実性、不可疑性が確認されたとき[78]「納得」と表現される。

　観察者の気づき、対象者の発言・行動の言語化（①⇔②）のなかで、観察者はその経験にてらしあわせて、反省をくりかえす。反省は現象学における本質的な方法の一つ[79]であり、現象学的分析は自分の経験を「反省」することによってなされ、「間主観性（相互主観性）のなかにある」反復的同一化綜合として、構造を発見することである[80]。この発見を読み手に伝える（共有化）。ここでいう「反省」とは、日常用語の反省とは異なり、自己の経験、内面との照会であり、柳田國男の民俗学の方法である「内省」にあたる[81]が、ここでは引用のまま、以下「反省」と表記する。

(2) 一般価値・社会価値エビデンス

　他者のエピソードは、私のなかの反省的エビデンスに支えられることによってのみ、本質（構造）観取をおこなうためのエビデンスとして機能する[82]。

　体験反省的エビデンス＝接面パラダイムは、客観主義パラダイムではなく[83]、「自由」「不安」「言語」「欲望」「感情」「身体」といった人間一般の価値に到達すると了解性が高くなる[84]。また臨床心理学の社会支援の接

面パラダイムでは、「命」「持続」「愛着」「生活」などが、有効な二次的エビデンスとして想定される。

　防災や災害復興のエピソードでも、「命」「地域持続」「生活」に関わる社会一般価値に関わる接面こそが、公共的な二次エビデンスを想起させ、読み手の了解性を高めるのである。

　（3）フッサールの接面方法
　この接面による構造の取り出し方法をフッサールは
①　対象の「ありあり感」をともなう[85]（『イーデン）Ⅰ』§39）
②反省（内省）することにより背面まで含めた「三次元立体」としての対象を知覚（『イーデンⅠ』§41）
③　②は予期される
④まわりの背景も、地図によって潜在的に把握されている（『イーデンⅠ』§35）
⑤知覚された事物は客観的世界の一部であり、そこに居合わせれば誰でも同じものを見ることができる信憑が必ず伴う
　（『ヨーロッパ諸学の危機と超越論的　現象学』§47）。
と提議した[86]。
　フッサールは反省的エビデンスにもとづくことによって、認識や価値についての体験世界の「共通な構図」を探究するための公共的な議論の空間を作り出そうとした。結果、体験世界の共通な構図がコミュニケーションされ、公共的な議論になる[87]。「反省的エビデンスは、各自の体験にあてはめて吟味することができる…記述は公共的に討論しうる次元をもつ」[88]と、西はいう。

（4）エピソード記述の要素

以上の接面の方法を整理し、エピソード記述のポイントを以下に述べる。

①発見、気づき（眼から鱗）の記述（言語化）

②対象の力動感が伝わるメタ認知（納得、腑に落ちる）

③反省（内省 ＝ 自分の体験、感覚と対象者との対話を自分にひきもどして考え、それを記述する）

④社会的一般性（「命」「持続」「リスク」「生活」など社会一般に関わる公共的な反省とする）

⑤背景、考察、エピソードに切り分けて記述する

⑥ありあり感（当事者性を背負った表現や方言）構造発見、分析方法、記述法

次節では、この方法にもとづき、ありあり感のあるエピソード資料を抽出し、筆者の発見、反省（内省）の結果としての公共性を記述し、観察者、対象者、読み手の納得を意図した記述をについて考察する。

4）エピソード分析

(1)エピソード資料

本論ではエピソード記述の方法を検証する資料として、『聞書　水俣民衆史』[89]と石牟礼道子『苦海浄土』[90]を使用する 。

『聞書　水俣民衆史』全5巻は、1957年に東京大学法学部を卒業し新日本窒素肥料株式会社に入社し、水俣工場第一組合委員長として水俣病に社内で対峙（反省）した岡本達明らによって、水俣病の根源となった地域の近代化の民衆史を聞書で描いたものである。

『苦海浄土』は、水俣病の鎮魂の文学として第1回大宅壮一ノンフィクション賞を受けたルポルタージュであり、事実の記録にとどまらない私小説、熊本弁による「ひとり語り」「浄瑠璃」といわれる[91]。

　前者が熊本弁による聞書記述であり、後者が石牟礼道子しか語れない
（再現性がない）語りである。両者の聞書、または著者と話者が融合し
た語りは、身体化した生活感覚を熊本弁（生活言語）のエピソードで満
たされている。両者は読み手の生活感覚とのコミュニケーションを誘発
し（④社会的一般性［以下同様］）(p.188)、憑依した（当事者性を背負う）
言葉（⑥ありあり感、p188）で満たされた優れたエピソード記述と考える。

　以下、エピソードを紹介し、背景や反省、考察を付した。Ｂ－１、Ｂ－
２は同対象に対する、異なる筆者によるエピソード記述である。

　(2)　エピソード A：沖縄寄留漁民

　朝起きてみれば、あっちの女宿から青年共が起きてくる。こっちの男
宿から女子共が起きてくる、ていうふうやったい。でも、舟津[(92)]には絶
対に遊びにいかんじゃったな[(93)]。

[地理的背景]　船津は窒素工場に隣接し水俣川河口にある。今は市街地で

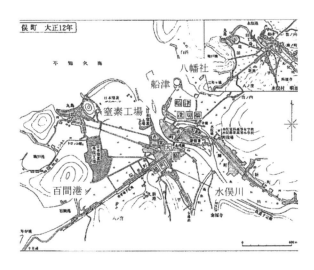

図25　水俣町（大正 12 年）（『聞書水俣民衆史』第 2 巻, p.25 に加筆）

あるが大正12年の地図では、海に突き出して氏神八幡神社がある。有機水銀を排出した百間港とは異なる方向だが、一時、工場の排水口となった。八幡（船津）の水俣病認定患者は25名（第4位）である[94]。

[歴史的背景]　「熊本県神社明細帳」（水俣市史編纂委員会 1966：229）には「熊本県管下肥後国芦下郡水俣村大字浜字船津 三千三百六十番 無各社　為朝神社 一　祭神　鎮西八郎為朝 一　由緒　為朝当地出帆ノ時舟子弥八ナル者ニ為記 念直垂ノ片袖ヲ与フ。追慕ノ情ヲ竭シ安元二年八月 十五日社殿を建設シ生霊ヲ祀リ、為朝神社ト号ス。村民年ヲ遂フテ社殿ヲ加築シテ今ノ体裁ヲナス…」とある。

[民俗的背景]　糸満の追込み漁の漁民は、太平洋岸を高知県・三重県・千葉県沖へと出漁し、（一方で）対馬暖流にのり、九州の西海岸沿いに飛び魚を追いかけ、長崎県五島列島・対馬 などへ出漁している[95]。

【筆者の反省（内省）】[96]　筆者は沖縄第三尚王統におけるヤマト移入の鍛冶伝承を論じたことがある[97]。それゆえ筆者は、水俣の住民が絶対にヨバイに行かない船津の氏神の祭神：源為朝が沖縄に出帆し初代琉球王舜天になった伝承に[98]、地域の歴史を読み解くカギがあると気づいた（p.188 ③反省）。

【考察】　現地では船津は「フナンチュー」と発音し、周辺の地域とは言葉も少し違うといわれる。昔、源為朝が沖縄に出帆する折、形見に狩衣の片袖を住民に与えたと伝えられ、その片袖が八幡神社のご神体になっている。神社提供の写真によれば、現物は茶色の芭蕉布である。筆者は薩摩半島南端町坊津町泊と坊との間の岬の端にも同様の沖縄寄留漁民が小屋掛けし、潜水による追い込み漁をしていたことを確認している[99]。

　沖縄に行く前に、沖縄産の芭蕉布が船津の住民に下賜されているのは矛盾した伝承である。この伝承は平安時代の歴史事実ではない。むしろ逆で、海岸部の船津が沖縄からの寄留漁民であったことを意味していると推測される[100]（p.188 ②腑に落ちる）。

　彼ら沖縄出自の寄留漁民は、農地も漁業権を持たず船上で暮らしていた。船津が遊び（ヨバイ）対象外であったのは、寄留漁民、沖縄に対する差別が根底にあったと考えられる。

（3）エピソードB－1：寄留漁民と水俣病

　最初、□子[(101)] が死にましたときは。部落のひとたちの、ほんとに、あんた家は羨ましかよといいよんなはりました。「あんたは多子(うご)持ってよかったばい。子宝ばい。百万も　銭の来て。一家四人も奇病出して会社から多銭(うせん)の来て、殿さんじゃなあ、大したもんじゃ、会社ゆきより上の殿さんになったぞ」と、いいよんなはりました。とくに会社ゆきの衆たちの。ここの村に来たときは陸(おか)に家も持たん揚がりもんじゃったがと。坪谷(つぼたに)のやどかりごなでおって、のしあがったもんじゃ、銭貸さんかいと、いわれよりました。

　船をわが家にして暮らしておりましたけん。坪谷のとっぱ先の磯べた(へた)に、牡蛎の縁のごたる土地ばお世話してもらいまして、揚がりましたもんで。谷のくぼみに、よか井戸の湧きよりました。…舟の泊り小屋のような家ば建てまして、片足ばっかり揚がりました、最初。

　生まれ里の桶島(ひのしま)は…島ながらの舟の漂浪(され)くとこで、舟をわが家にしとるひとたちも多ございます。機帆船で食いますわけで。…　舟の上ばっかりで暮らすなら学校もあんまり要りませんですから、体だけ丈夫な子を産めばようございました。　羞ずかしか話でございますが、当たり前の子はおりません。産む子も産む子も、この病にかかりまして、学校どころか、舟にも乗れんごとなりました。潮から生まれたごたる人間が、岸から舟に乗り移ることができずに、あえ（落ち）ますもんなあ、海に。足のもつれる病で[(102)]。…わたしどものように運搬船を廻すものたちは、漁師方と違うて、舟人(ふなと)ちゅうとでございます。舟人といえば陸に揚がらずに家も持たず、空から一生を暮らすものどもじゃ、うたせ流れのような者共じゃ

191

と、見差別していう衆もおんなはります[103]…海の中から湧いて出たようなわたし共が､いったい､どこの海に､ゆきようがありまっしょ。奇病魚、とるな、食うな、といわれましても、わが魚を獲りきらん漁師に、ただ銭をくれるおひとは居んなはらんでしょうに[104]。

［地理的民俗的背景］ 石牟礼道子は「坪谷という波止場は…わずかばかり海にせり出した、ふたつ出っぱりに囲まれて、潮が遊び入ったような舟だまりがあって、浅い水面をさしのぞくように、庇をおろして三軒の小屋がある。窒素工場はもとは塩田であった。砂地につながれていた小舟が、陸にあこがれて、夜毎の夢の中で、長い舳先を伸ばしては、砂をなでつけているうちに、ある朝、家のようなものに変身していたとでもいおうか、坪谷の底部にある三軒の家は、手作りめいて、はれがましいような、眩しげなたたずまいをしていた[105]」と文学的に寄留漁民の立場を描くが、村の特定を避けている。（p.188②文学的力動感ゆえに、厳しさを納得させられる）

［歴史的背景］ 坪谷に居ついた「漁師方と違うて、運搬船を廻す、舟人（ふなと）」は、「天草者」といわれ差別された。エピソードで指摘された桶島は、上天草の離島である。沖縄寄留漁民とは異なる、天草寄留漁民（舟人）の定着場所が坪谷であった。

【反省（内省）】 エピソードは、（1）「奇病」を出した舟人（漂流漁民）に対して、「会社ゆきの衆」の差別発言 （2）坪谷での定着 （3）「奇病」を出して追い詰められる舟人の生活という構成になっている。

（1）水俣病の責任はチッソ水俣工場と、対策が遅れた行政にある。しかし､巷間いわれる「チッソ･行政」対「水俣市民」の対立ではなく､「チッソ･(会社行きを中核とする)水俣市民」対「(水俣病被害者を含む)舟人(漂流漁民)[106]」であったことに気づかされた[107]。(p.188①発見)筆者は地域での怨嗟、差別に驚愕するが、なぐれ（舟人、寄留漁民）差別が水俣病に対する「奇病」意識と重なり、被害者を苦しめたことを思い知った。

　（2）坪谷での定着については、台地の上に住む「会社行き」の妻女から「鳩の尻のすだれのごたるところに、這い上がって来た者のくせに」といわれた[108]（p.188 ⑥ありあり感）。

　（3）舟人（寄留漁民）」はもともと、はれがましかった。「舟人はよかろなあ、綺麗ずくめで。海の上は晴れ晴れして[109]」「浜の岩という岩には、濃い紫色をしたカラス貝が隙間なく繁殖し、それを食べる」「いかなる食い道楽の人も、王様ちいいなるですよ」「わしげあたりの海辺の者しか知らんじゃろうよ」とその生活を誇っていた。ところが「そのムラサキ貝に、いちばん水銀がたまっとったちゅうは何事か[110]」と、その誇り、海への信頼が裏切られたのである。

　あげく「水俣病は、びんぼ漁師がなる。つまりはその日の米も食いきらん、栄養失調の者どもがなる[111]」といわれ、それを信じた被害家族が発病者に栄養をつけさそうと、さらに貝を食べさせた。

　自然を失うなかで、自然と暮らしてきた人びとが発病し、差別ゆえに追い詰められ、病人によかれとムラサキ貝を自ら食べさせた家族の深い絶望に筆者は「同情」する（p.188 ①差別のなかでの不幸の連鎖の発見、p.188 ④命疎外）。

【考察】　貧しいながらも綺麗ずくめで晴れ晴れした海で暮らしてきた「舟人（寄留漁民）」が「会社行き」に差別され、差別された者が「工場」に命を奪われる。公害は一定の数値の水俣病認定患者だけの問題ではない。単なる企業犯罪、政府の責任忌避だけでもない。近代化における地域の分断、差別意識によって、地域全体で自然に一番近い「晴れ晴れした」人々を「奇病」に追い詰め、結果として地域社会を破壊した。

　（4）エピソードB-2：患者・□子【坪谷】[112]

　百間排水口から南へ下って、国道三号線ぞいに二キロほど行くと、最初の集落に月浦がある。…このあたりの海岸は、石灰岩の土地が、高さを維持したまま海に落ち込み、海と陸とが衣の裾のひだのように幾重に

も唱和して魚たちの隠れ家をつくっている。抉られたように陸地が崩落している空間に、海が誘い入れられて遊ぶ入江がある。入江の三方から崖地が取り囲んでいる。この集落が坪谷だ。これを、つぼだん、と発音している。壺の底 のように、坪数で数えられるほどにひどく狭い。

　入江を囲む崖地には、積み重なるように人々の住い家がより添っている。その一軒に□の家がある。この家では、父の□、母の□が水俣病で殆ど動くこともできず、五女の□子は1956（昭和31）年4月に発病し、翌月には死亡している。五男の□は同じ年の小学四年に発病し、話すことも、聴くことも、視ることも、おぼつかなくなっている。六男の□は、やはり同じ年、小学二年に発病し、ほとんど魂が抜けたように無気力で話すこともままならず、なんの仕事にも就けなくなっている。…祖父や父たちが、孫や妻や子たちのためにと、一家団欒の夕餉のテーブルに盛り並べた魚や貝たちのなかに、メチル水銀の毒が潜みこんでいることなど、誰が知りえよう（□は筆者伏せ字）。

【考察】B-2 のエピソード記述は、B-1と同じ被害者、地域を対象としている。B-2は場所を特定し、貧困と個人の発病被害を告発的にドキュメントしているが背景の記述が弱い。背景の歴史や生活よりも「告発」という答えが前に出ているので、「海が誘い入れられて遊ぶ入江」などという文学的な記述を試みてはいるが、読み手は告発のエピソードを受け止める（学習する）だけで、イメージを膨らませたり、 自己の経験を参照し反省（p.188③）することは難しい。したがって発見がない（p.188①）。加えて、B-2 のエピソードは方言を使わない第三者的レポートであり、シリアスな場面を描いているわりには（p.188⑥ありあり感）が不足している。ゆえに、B-2は、説得的なドキュメントであっても、発見納得していく物語にはなっていない。

5）おわりに

　本節では、複数のありあり感のあるエピソード記述を提示し、分析者の発見、「命、生活、持続」などの社会一般価値にとどくような反省（内省）を記述し、「エピソード名、エピソード、背景、反省（内省）、考察」に切り分けた記述を試みた（A、B－1）。これを一覧に示した（表17）。

　結果として、A『聞書　水俣民衆史』やB－1『苦海浄土』は、内省を誘発し、きりわけて記述できたが、B－2『患者・□子』では、告発ドキュメントを読むことはできても、読み手の反省を促すことができず、切り分け加筆もできなかった。A『聞書　水俣民衆史』やB－1『苦海浄土』に、筆者が加筆したエピソード記述は、

- 水俣病における、寄留漁民・沖縄差別
- 水近代工場の展開による地域分断

を明証性をもって示すことができたと考える。

　無論、この内省で充分とはいえないが、今後はこうした反省的エピソード記述方法を参考に、①発見、②納得・力動感、③反省、④社会一般性、⑤切り分け記述、⑥ありあり感などを考慮した、了解性の高い多様なエピソード記述がすすみ、経験の構造やその公共的側面に留意した物語的政策研究が展開されることが期待される。

表17　エピソード記述の評価一覧

	出典	①発見	②納得・力動感	③反省	④社会一般性	⑤切り分け記述	⑥ありあり感
A　沖縄寄留漁民	『聞書　水俣民衆史』	○	○	○		○	○
B-1　寄留漁民と水俣病	『苦海浄土』	○	○	○	○	○	○
B-2　患者・□子	患者□子				○		

　グループワークを始めると、入学して間もないおおよその学生は、教師に解を求めてくる。議論や対話より、答えだけを教えてくれればそれで良いということだろう。はなから「問い」など自分たちのような学習者には必要がないと思っている人が少なくないことは非常に残念である。かく言う筆者も、学生時代はそう考えていた一人でもあるのだが…。上述で示した「課題発見・解決力」と「論理的思考力」の必要性の根拠は、世の中には「正解のない問題」がほとんどだからである。そこで、画一的な一般論などを採用しても、この変化の激しい時代にいつも適切かどうかなど解らないし、ずっと正解であることなど保証できるはずがない。創造的な対話が促進されにくい理由として、次の2点から説明できる。

　社会心理学の代表的理論の一つとして、「集団極性化」がある。高い「同調圧力」によって集団の意思決定が極端な意見になりやすいという理論である。危険な意見に偏ることもあれば、安全で平準な意見に偏ることもある。どちらが良いか悪いかの話ではない。集団の成員には誰しも、「評価懸念」が生じる。「評価されなかったどうしよう」という懸念により行動が制限されてしまうのだ。このように、多くの他者の存在により、単独ではなされる行動が制御されてしまうことが各々に起こると、その組織（集団）の出す結論はどうなるのか。このような心の過程を乗り越えて、集団に貢献するための意欲の醸成をデザインするには、「安全な場所づくり」が重要なのである。多様性を認め合い、誰一人取り残さない all inclusive な仲間づくりがその前提になる。チームが結成された冒頭に、何を言っても許され、尊重しあえる環境づくりに成員は協力できるか否かが、成功に影響を与えるだろう。

　2点目は、問いに対する解決策を模索するにあたって、そもそも「問い」を正しくデザインできていないことが挙げられる。これからの時代を生き抜くために必要なのは、時代や地域によって揺らぎつつある"様々な答え"を自分の視点で見つけ出し、比較検証し、常にアップデートし続けるための一人ひとりの「問い」をつくり出せる力ではないか（井澤、2020）。また、

課題解決のためのチームの話し合いにおいて「良いアイデアが生まれない」「チームの一体感がない」と感じるとき、それはチームで向き合っている「問い」がうまくデザインされていないからだ。 そもそも何を解決すべきなのか、「本当に解くべき課題」を正しく設定できなければ、根本的に解決の方向性がずれてしまい、関係者に「創造的な対話」は生まれない（安斎、2020）。想定しうる「仮説」に対して、事実と感情を分けながら、何のために何を明らかにしたいのかに向き合う。そして、異なる価値観の相互作用をいかしながら「問い」について「対話」することにより、個人が成し遂げる以上のものを生み出せるはずである。今はまだ AI より優れているはずの「コミュニケーション能力」だけでは、ポストコロナの時代を生き抜くには心もとない。多様な他者とコラボレートしながらコミュニケーションを図り、問いを立て、ビッグデータを活用しながら論理的思考による「問題発見・解決力」を発揮できるイノベーティブな人材になるために、4 年間の学修生活をダイナミックに活用してほしい。

参考文献

安斎勇樹、塩瀬隆之（2020）　問いのデザイン：創造的対話のファシリテーション 学芸出版社

井澤友郭（2020）「問う力」が最強の思考ツールである　フォレスト出版

3. 共創まちづくりの「仮説」提案

1）はじめに

(1)本論の目的

　筆者の専門は都市民俗学であった[113]（森栗、2003）。1995年の阪神淡路大震災以降、震災復興のコミュニティづくり、協働型地域交通づくり、子どもの居場所づくりなど、多様なまちづくり活動に関わってきた。こうした活動は「器用」「熱意」「迫力」と好評されることもあれば、「エセ専門家」「なんでも専門家」「方法がない」「軽い」と批判されることも少なくなかった。いずれにせよ、属人的に評価、または批判されてきた。

　しかし、自己の軌跡をふりかえって、この20年余を俯瞰してみれば、属人的な評価ではなく、民俗学を専攻していたからこそ発見できた方法ではないかと気づいた。本論は、民俗学から対話型まちづくりに研究変遷した筆者の研究経験を内省し、その方法を遡及推論し、民俗学的まちづくりの方法を提示すること[114]を目的とする。

(2) 本論の方法

　本論では、個別から一般性をみちびく帰納法をとならい。また、一般定理から個別をみて一般定理を吟味する演繹法もとらない。本論では個別から変化する個別を内省的に遡及推論（アブダクション）し、より了解性の高い「方法提示」[115]を検討する。

　したがって、研究分析と生活体験とを分離する客観性を重視する通常の科学論とは異なり、当事者による生活感覚からの観察経験の分析、当事者経験を活かした他の当事者への想像、遡及推論が方法である[116]。個人の経験の内省、およびその内省から他者の経験を類推する分析は、分析対象と分析者を分ける客観的（を前提とする）研究とは異なる方法である。民俗学ではこの方法を「同情」とよんでいる[117]。

　この場合の「方法提示」は帰納法の仮説でもなく、また仮説演繹法で置いた仮説でもない。ポパーは、帰納法や演繹法の仮説はどこまで吟味しても絶対正当化できないとし、逆に反証可能性があることが仮説の価値を高めると主張した[118]。本論では、個別から変化する個別を理解し発見し、より高次の「方法提示」[119]を模索する。

　(3)　対話、物語の位置づけ

　倉阪秀史は、住民参加はなぜ必要かという議論に対して、公共世界に奉仕する「私民」でない個人が、①ステークホルダーとして参加し、②公共的意識を涵養するためと述べている[120]。ハーバーマスも「公共的討論は意思を理性に転嫁させる」[121]から必要だと述べている。これは、まちづくりの理念＝民主主義論である。

　サンドラ・M・ナトリーらは、研究による形式知と生活経験による暗黙知とは、個別に存在するではなく、実践コミュニティのなかで結びついている[122]。まちづくりの対話とは形式知と生活知（暗黙知、民俗と同意と定義する）とのコミュニケーションとしての側面もある。

　形式知は数字やモデルとして示されるが、生活知はエピソード、物語として示される。川端祐一郎は物語を「出来事を、意味に満ちたやり方で結びつける明確な時系列を持ち、一定の聴き手に対して、世界の存在や人々の経験についての洞察を提示するような言説」と定義する[123]。本節では川端の指摘を参考に、物語を時間経験知（歴史）も含めた総合的な生活知、公共政策、まちづくりなど公共に関する方法と定義する。

　本論では、まちづくりという総合的な政策における対話、そこから共有化された物語は、単に民主主義であるとか、形式知と生活知の融合というだけではなく、まちづくりの方法提示であると考え、次節で4つの経験的物語を示して分析する。

（4）これまでの民俗学的まちづくりの方法

　日本における民俗学は、文化事象の分析に終始してきたが、近年、公共民俗学の議論もある⁽¹²⁴⁾。とはいえ、民俗学の実践は公教育・博物館を越えることは稀であり、その声は計画学や政策学には届いていない。こうしたなか、筆者は土木計画学や実践政策学のなかで、対話型まちづくりにおける民俗学的方法を提示してきた。

　「日本の衆議」（p.166）⁽¹²⁵⁾では、宮本常一が紹介した対馬の寄り合いを分析し、集う、わかちあう、聞きあうといった、腑に落ちるような言葉や話の筋、情感、対話者との「したしい」コミュニケーション、対話者に対する「とうとい」と尊敬する視線、および柳田國男の提示した「内省」と「同情」を抽出した。そうした民俗学的方法から、単なるまちづくり会議とは異なる、より日本社会に適したまちづくり対話が必要であると指摘した。日本の寄り合い衆議における「腑に落ちる（ふりかえってみれば〔俯瞰〕確かにそうだ）」という納得的合意（ハイデッガーのいう存在了解⁽¹²⁶⁾と類似する）は、データによる（専門家の）自己正当化、説得的コミュニケーションとは異なる意味があることを指摘した。

　「オールドニュータウンの持続を担保するくるくるバス活動の位置づけについて」⁽¹²⁷⁾では、神戸市住吉台の阪神淡路大震災以降の地域交通まちづくりと2005年のくるくるバス開通、およびそれ以後のまちづくり活動を、山崎亮のコミュニティデザイン（対話の場の設計、対話の関係性）と、鷲田清一のコミュニケーションデザインで評価した。コミュニケーションデザインは、鷲田清一が現象学研究から提唱した「問う」「聞く」「待つ」による対話法である。

　「物語の記述方法」（p.p.179-195）では、
・デカルト実証主義の主客一致は一致の認識が客観存在それ自身と参照することができず確証できない。カントはこれを誰も突き崩せない難問とした⁽¹²⁸⁾。

・客観的認識は、限定条件で思い描かれたものだから、後続する体験
によって書き換えられる可能性をつねに持つ[129]。

の二点を指摘し、客観的科学主義の課題を明示し、間主観における類的
共通構造を取り出し、体験反省的記述で了解性（存在了解）を高める現
象学的方法を提示した。具体的には、エピソード記述に「発見」「納
得、力動感」「内省」「社会一般性」「切り分け記述」「ありあり感」
「公共性」が必要であることを「方法提示」し、『聞書　水俣民衆史』
石牟礼道子『苦海浄土』の事例を評価検証した。力動感ある民俗、あり
あり感のある生活のきりわけ記述、まさに民俗誌・生活誌記述による内
省から「仮説」提示する「まちづくりエピソードの記述方法」を提案し
た。

2）遡及推論

⑴論理学と仮説

　J.S. ミルは「帰納法は『経験からの一般化』generalization from expe-
rience によって自然の因果法則を探究する『実験的探査の方法』」と定義
した[130]。しかし帰納法は仮説を置いて実施しなければ一致も差異発見も
できない。その要素を引き出すことさえできない[131]。帰納法で厳密に事
実を並べても、事実の範囲でしか仮説を提案できず、創造的「方法提示」
は難しい[132]。

　そもそも事実を集めること自体が一定の予見であり、アプリオリに社
会のすべてを並べることは不可能である。帰納法の「事実をして語らし
めよ」は、事実が自ら語るのではなく、いわば研究者が事実に語らしめ
るのである[133]。帰納法はアブダクションによって提案された「仮説」をテ
ストし正当化する拡張的推論のひとつの方法であるが[134]、十分な「仮説」
推論がないままの機能法の適用は、科学とはいえない。

　仮説演繹法でも演繹論理の前に仮説をたてるが、実際には論理的な仮

説をたてるのは難しい[135]。

 (2) 機能的飛躍とナラティブによる「仮説」的飛躍

　米盛裕二は「現代の論理学は論理の数字化によって大きな発展を遂げたが、論理学者たちの関心はもっぱら論理の数字化にのみ向けられてきたために、論理学はますます現実の人間の思考の論理から離れてしまった」[136]と批判し、より厳密性を求められる人工知能論の研究者たちはむしろ「厳密でない推論」に人間の推論の特質を見い出そうとしている[137]と、論理の数字化ではなく「厳密でない推論」に本質論を期している。

　「厳密でない推論」であるアブダクションは、帰納法とは異なる発見法的論理学（heuristic logic）である[138]。アブダクションは、遡及推論 retroduction ともよばれ、厳密ではないが結果から（仮説：本論では「方法提案」ともよぶ）推論する[139]ものである。

　そもそも「仮説」提示には一定の飛躍が入る。米盛は機能的飛躍以外に、創造的な「仮説」的飛躍（アブダクション）があることを説く[140]。ポパーも方法論には正当化の文脈と発見の文脈があるという[141]。これは正当化のための「説明」と、「理解・発見」行動として対応している[142]。

　以上、正当化の文脈の機能的飛躍と、発見の文脈の「仮説」的飛躍を、表18に整理した。

表18　機能的飛躍と「仮説」的飛躍

機能的飛躍　inductive leap	正当化の文脈	説明する
「仮説」的飛躍　abductive leap	発見の文脈	理解する

　創造的な「仮説」的飛躍（アブダクション）のためには、観察、経験に対して洞察力と想像力をもって[143]、驚くべき事実を発見し、問いをたて意識的に熟慮して行われる推論により[144]「仮説」をたてることが必要である[145]。

　アブダクションは直接観察したもの（弱い推論）とは違う種類の何者
かを推論することや、より高次の「仮説」を発案し発見の見通しを立て
る拡張的推論であり観察から洞察し創造する飛躍である。この飛躍は観
察不可能な何ものかを仮定することに展開する[146]。

　現象学的分析（経験の質を問う）は経験を反省（民俗学的には内省）
することによってなされる[147]。アブダクションは試行錯誤的かつ自己修
正的であり[148]、常に内省をともなう[149]。

　提出された「仮説」には、「もっともらしさ」「検証可能性（偽の場合
は反証可能なもの）」「単純性」「経済性（費用・時間なく検証できる）」
が求められる[150]が、「仮説」的飛躍による「仮説」は、内省による誠実な
自己修正以外に十分な検証の方法がない[151]。

　にもかかわらず、「仮説」提示による科学の発見は、事実の組立による
帰納法よりも重要だ。発見は科学経験からの推論のプロセスでなされる。
事実の組み立てだけで惑星楕円軌道を検証するには、経済性（費用・時間）
がかかりすぎる。ケプラーの惑星楕円軌道の発見は、ケプラーの個人経
験の結果から推論したものであり、遡及推論である[152]。ニュートンは「私
は仮説をつくらない」と言うが、引力のように観察不可能な対象に関す
る仮説なしに、万有引力の法則は発見できない。ニュートンは、機能的
仮説、仮説演繹法はとらなかったが、現象学的には「（仮説）的飛躍」を
用いねば発見はできない。

（3）生活経験・時間経験と遡及推論

　探究は科学のみならず生活にも及ぶ。デューイは、「日常的経験と生活
の場、常識環境の相互作用の状況」を常識的探究 comon sence inquiry
とよんでいる。生活探究を示唆した重要な指摘であるが、「常識」という
言葉は誤解をまねく。フッサールは生活世界 life-world への関心を「生の
哲学」とよんだ[153]。科学的探究が知識そのものを目的にするのに対して、

生活探究は使用と享受のために生ずる⁽¹⁵⁴⁾。生活探究は質的である⁽¹⁵⁵⁾。これをデューイは直接知 acquaintance knowledge、実践知 practical knowledge、質的知 qualitative thought とも表現している⁽¹⁵⁶⁾。筆者はこれらを生活知、民俗の類義と考える。

科学的真理も「意味の一類」にすぎない。意味は真理より貴重であり、その範囲も真理よりいっそう広い。フッサールによる意味とは、「意識の作用である意味思考の相関項であり・・・対象的なものの直観によって充実される。…意味の探究は志向的体験の分析を通して深められる」⁽¹⁵⁷⁾ ものである。

哲学は真理よりも意味に関わる。科学的真理が結果の検証可能性を本質とするのに対して、生活知は直接的現実的応用に関して決定される意味である⁽¹⁵⁸⁾。フッサールは 1925 年講義された『現象学的心理学』に「すべての思想や精神的活動から生じるその他すべての理念的形成体の最終的基盤は経験世界（生活世界 life-world）の中に存在する」と言いきっている⁽¹⁵⁹⁾。生活経験を基礎とする民俗のなかに理念的形成体の最終的基盤がある。

これに対して歴史学では集団や社会に対する時間的な遡及推論により、hi-story が仮説提案される。ときに、宗教のエピソード記述や、芸能の語り物（浪花節など）に仮託される。hi-story はタイムマシンでもない限り、確証できず、歴史は歴史学者によって「仮説」提案され、または宗教的物語・口承文芸によって「仮説」表現され、その解釈による仮説提案そのもの自体が意味を持つ。

自分の経験を意味づけるには（sense-making）/社会的背景・政治的背景・経済的背景について、もはや自明となってしまったものを問い直すことが重要だ。そのためには「過去を想い、現在を分析する retrospective reflection」ことや、「現在を手がかりに、未来を想うこと prospective reflection」などの、時間を越えた奥行きのある内省が求め

られる。加えて critical reflection(批判的内省) は、大衆化による物語の暴走を警戒する[(160)]。

　一方、まちづくりの合意形成は、社会集団の遡及推論によるコミュニケーション「仮説」とも考えられる。社会は実験できず一回きりであるから、まちづくりは、優秀な人が単純な仮説をもって実行しても、後から検証してみると後悔ばかりが残る。結局、とりかえしがつかず、「まちづくりに正解はない」とうそぶくか、結果責任を回避するしか方法はない。だから、まちづくりでは、あらかじめより多くの人の生活知を結集し、かつ時間を越えた奥行きのある内省をもとに、まちで生きる意味を合意形成し、より了解性の高い「仮説」をつくり、皆で共有してあの手この手で社会実験してみるしか方法がない。プロセス共有すれば、共同反省(反省と内省は同義。ここでは共同なので反省とした)ができるから、その共同反省を踏まえ、次により高次の「仮説」を建設することができる。まちづくりとは生活知の重ね合わせによる「仮説」、異なる時間（過去、現在）の物語を推量した「仮説」、そして、それらをあわせた「仮説」実験の連続的試行（ティンカリング）である。

3）民俗学的まちづくりアプローチの内省的検証

⑴内省的エピソードに対する分析要素

　本節では４つ体験エピソードを紹介する。このエピソードを、「エピソード記述の要素」（p.188）で提示した

①発見、気づき（眼から鱗）の記述（言語化）

② 対象の力動感が伝わるメタ認知（納得、腑に落ちる）

③反省（内省 ＝ 自分の体験、感覚と対象者との対話を自分にひきもどして考え、それを記述する）

④社会的一般性（「命」「持続」「リスク」「生活」など社会一般に関わる公共的な反省とする）

⑤背景、考察、エピソードに切り分けて記述する

⑥ありあり感（当事者性を背負った表現や方言）構造発見、分析方法、記述法

この6つのエピソード記述の要素に従い、4つの個人的経験を内省し、自己評価する。

本論では、この6つの要素に加え、内省的・民俗学的分析要素（内省、歴史・記憶、同情、故郷［森栗編著『都市人の発見』木耳社、1993年］森栗、1993））、その結果として対象のなかにわきおこる aspiration（志）[161]、現象学的分析要素（構造[162]、問い）を個々の物語記述（エピソード）から抽出し、「⇒」以降にゴチックで記した。

(2) 都市民俗学経験を内省する

近代化した日本が向都離村のなかで独自文化を失いつつある昭和初期、多様な郷土研究が柳田國男によって統合され民俗学が成立した。戦後、民俗学は農村を基本とする常民が担っている基層文化研究として、大学のアカデミズムの一部に位置を得た。しかし、高度経済成長を終えた80年代、都市や消費社会の課題を無視できなくなり、多様な都市民俗学が提唱された。都市民俗学は基層文化ではなく、変化をとらえようとした模索であったが、都市民俗学が民俗学の方法に寄与したかは判然としない[163]。

筆者は都市民俗学が議論された最末期に『都市人の発見』[164]を編著している。『都市人の発見』には、「都市の村人」考、香港社会における慈善のかたち、現代のイエと祖先、「伝統」の創造と再生産、都市言語の形成と受容をめぐって、「民俗学」および「都市」の発見を収録した。人の感性によって都市と故郷を論じた。筆者は自己のイエを対象にした都市家族の経験を自己分析している。ここでの民俗学の方法は、内省であり、

故郷論であった。

　(3) 阪神大震災復興まちづくり経験を内省する

　1995 年の阪神大震災では、筆者は被災地を歩き回り、各地で自己およ
び被災者の体験を重ね合わせ、自己の故郷としての神戸市長田区への愛
着を発見し[165]、災害のなかから見えた都市の幸福について、下町のささえ
あいの生活、高齢者やこどもの命から記述している[166]。下町の長屋家屋
は狭いが、調理や応接、子育て・介護を、市場や喫茶店、お好み焼き屋、
風呂屋、路地などに点在させている。機能を共有して暮らしており、筆
者はこれを記述しコレクティブタウンとよんだ。同時期、共有リビング
を持つ、コレクティブハウジング（協同居住）の建設が延藤安広を中心
に検討され、筆者はそれに参加した（神戸市住宅局コレクティブハウジ
ング委員会）。

　1999 年、筆者は『神戸新聞』夕刊一面に復興まちづくりのトピックを
簡潔にまとめた「随想」を書く機会を得た。そのうち「随想：長屋の復興」
「随想：河原の市場の再建」[167] を素材として内省する。

　■震災以後、長田のまちづくりの現場で、様々な市民と出会った。先日、
ある地主さんから突然電話がかかってきた。

　「先生のいう『みんなが気分よう住める長田』いうんを考えとったら、
ミルクホールを思いついたんですが…」

　「入り口に白い暖簾、ガラスケースの中に羊羹を挟んだロールケーキ
と醤油せんべい。壁には蜜豆・ぜんざい・ミルクコーヒーと品書きがある。
アレかいな？」

　「ハァ。今の高齢者が若い頃に、長田にようあった喫茶店ですワ。ほ
んで現代長屋を作れんか思いまして、アイデアおまへんか」。私は一瞬、
絶句した後、「おもろいなア」と答えた。　　　　　⇒ありあり感、同情、生活

　近代神戸の形成期には、瀬戸内や但馬・淡路・四国、九州や奄美・沖
縄、朝鮮半島や台湾から労働者がやってきた。彼らは長屋の一つ屋根の
下で、戸がつながったような生活をしてきた。民族や出身地の差別なく、

お互いの言葉や味を楽しみながら生活してきた。住戸は狭く、共同便所・共同井戸であったが、長屋の子どもを高齢者と地蔵さんが見守り、女性は安心して内職のミシンを踏んだ。勤め先の靴工場も、食材を買い求める市場も、風呂屋や町医者も、徒歩圏にあった。当時のミルクホールは、長屋住民の応接間であった。路地は子どもの遊び場。たこ焼屋や串カツ屋・駄菓子屋も点在していた。　　　　　　　　　　　⇒歴史・記憶、生活

　この下町で育てられたぼくらは70〜80年代、老いた親を老朽化した長屋に残して、ニュータウンに逃げた。自動車でショッピングセンターに行ったり、プライバシーのある生活に憧れ、ローンでイチゴケーキのような庭付一戸建を買った。安全で緑豊かで工場の音もない。しかし何かを失ったのではと、薄々感じてはいた。震災はその答えを露骨に教えてくれた。家が全焼したのにガレキに埋まった地蔵さんを心配する人。郊外の仮設住宅でふれあい喫茶を運営する人。そして、長屋を復活したいという地主。　　　　　　　　　　　　　　　　　　⇒内省、発見、生活

　私は、人々の語りに耳を傾け、かつてあった下町の豊かさを発見し、人間がつながる町の再生に、民俗学を役立てたいと思うのである。

　　　　　　　　　　　　　　　　　　　　　　　　　　⇒聞く、志

図26　ミルクホールと羊羹ロールケーキと羊羹ロールケーキ
（「40男の衣食住」https://rikueri.hatenablog.jp/entry/20110715/p1）と（北海道吉田食品和風ロールhttps://kyoudoukaihatsu.com/products/products/detail.php?product_id=2036）

■4月8日、震災で倒壊した長田中央市場が再建オープンする。

　震災直後、倒解した市場の倉庫から食料をとり出し、河川沿いの公有地に大鍋を並べて、いち早く焚き出しをした。ガスも電気もないとき、温かい食べ物が避難所の人々をどれほど勇気づけたことか。⇒発見、生活

　その功績が認められ、一ヵ月後、その公有地で仮設店舗が営業再開した。53名の商人が7つの共同店舗を経営した。仮設市場では、惣菜やお好み焼き・たこ焼きといった飲食を中心に営業した。古来、河原は誰の所属でもない公界（くがい）の地であり、物と人が交流する市（いち）が臨時にできた。天秤棒振り売りをしていた商人が、「見世棚（みせたな）」を出した。四のつく日の市が四日市というふうに、現在も市から発達した都市は多い。　⇒歴史、構造

　ところが現代では、河原は建設省の所轄であり、水を流す以外に使用してはいけない。モノを通した交流の場は無くなり、商品を買って消費するだけの時代となった。しかし、どんなに物を大量消費しても、豊かと感じられない現代とは何なのか。　⇒問い

　震災の揺れで消費原理にヒビが入った。河川沿いが緊急時の焚き出しの場になり仮設市場が建った。仮設市場の飲食コーナーでは、被災者が苦しい思いを語りあった。河原は食べ物を通じた交流の場となった。市場商人は団結し、仮設店舗を共同経営した。半年後、被災者が郊外の仮設住宅に移転しだすと、商人は郊外の仮設住宅まで惣菜、新鮮な野菜や魚を、中古の冷蔵車で届けた。ときには、町医者の薬まで託されていた。

　　　　　　　　　　　　　　　　　　　　　　　　　　　⇒生活、構造

　不便な仮設住宅では、市場の行商トラックが来て、パラパラと棚が並べられると、雪の中を多くの人が集まった。商品と市場の空気が棚に並べられ、人々はその空気に触れることで生き返った。　⇒生活、構造、命

　皮肉ではあるが、一瞬、物が無くなった震災直後の日々や、市場の空気を求めた苦しい郊外仮設での日々、そのなかに生きる豊かさがあったのかもしれない。　⇒発見

市場のオープニングには、郊外の仮設住宅から長田の災害公営住宅に戻った客が集まることだろう。消費物を買う市場ではなく人々が交流する市場、それが中央市場の命だ。　　　　　　　　　　　　　　　⇒志

　だからこの商人はあえてスーパー方式をとらず小さな店舗の寄り集まりで再建した。長田中央らしい選択だ。新市場の名前は、ずばり「市場（いちば）」。おめでとう。　　　　　　　　　　　　　　　　　　　⇒同情

図27　長田中央商店街仮設共同店舗
阪神淡路大震災「１・１７の記録」　http://kobe117shinsai.jp/search/?p=57　より

（4）住吉台くるくるバスを内省する

　従来、交通などのインフラは国、または自治体が整備し、国、および自治体が管理するものであった。しかし、高齢化や地域衰退を前にして、住民がインフラ設置に請願するのみならず、開設・運営に関わるようになってきた。コミュニティバスにおけるこうした住民協働の日本におけるさきがけが、住吉台くるくるバスであり、筆者はそれに関わった。ここでは、住吉台くるくるバスの活動を記録した「マイバスが走る「幸せの町」〜神戸市住吉台くるくるバスのその後〜」[168]を素材に分析する。

　住吉台は神戸市の六甲山麓にある。市バスの最寄バス停から315段の階段を登らねばならない。高低差が大きくて自転車が使いにくく、狭い

急カーブ急坂に沿って、階段状の宅地が並ぶ。この住吉台に、昨年1月、長さ7m、14席の小さなバスが走り出した。すると、バス停で、まちなかで、そして「バスなか」（？）で、会話が自然にかわされるようになった。

⇒生活、発見

　1970年代末、県営住宅が山麓に作られ、続いて、大阪湾のオーシャンビューを望む民間住宅地が開発された。急傾斜地に約4000世帯が住む。高齢化率25％弱。神戸市が開発したわけではない住吉台には、公共施設はほとんどない。小学校もない。スーパーもない。外出はどうしてもクルマ、バイクに頼り勝ちとなり、住民相互のコミュニケーションも難しかった。むしろ、若い世帯には、そのほうがわずらわしくなかった。眺めの良いこの町の人間関係は希薄であり、そこを吹く緑風のごとく、住民は阪神間の乾いた快適ライフを楽しんでいた。必要があれば、クルマで市街地におりれば良いし、運動のために坂を駆け上がったのも楽しい思い出である。しかし、30年も経つと、高齢化が忍び寄る。交通が不便な地域には、若者は残りにくい。どうしても、高齢者夫婦、在宅独居高齢者が多くなる。

⇒生活、歴史

　「バスが欲しい」。人々は、何度も何度も区役所にお願いした。そのたびに、「道が狭いので運行できません」の返事が返ってきた。高コストの市バスでは運行が難しいという問題もあったのかもしれない。そうこうするうちに、1995年、阪神大震災がおきた。被災した市街地の高齢者が、ドッと住吉台県営住宅に入居してきた。「バスが欲しい」。この声は、高齢者の命をかけた悲痛な叫び声になっていた。

⇒発見

　「もう、待てない」「役所はアテにできん」

　先鋭化した住民が、地元のNPOを突き動かし、全国都市再生モデルとして、小型バスの有償実証実験がおこなわれた。2004年2月末から3月、1ヶ月余りだけ、1時間に1本のバスが走った。「みんなで乗ったら、本運行になるかもしれへん？」と人々は、毎日バスに乗った。自動車を持っ

ている人も乗った。住吉川の遊歩道を下流まで散歩して、わざわざバス
で戻ってくる人もあらわれた。実証実験の最後、乗客はうなぎのぼりに
増え、最終バスは悲鳴のような声で終わった。「これで終わりなの…」。

⇒同情、ありあり感

　翌4月1日、何事もなかったかのごとく、またバスのない静かな町が
再現した。しかし、住民の脳裏には、まだバスが走っていた。人々は黙っ
ておれなかった。交通市民会議を立ち上げ、行政、バス事業者も加わり、
どうしたらバスの本格運行ができるのかを議論した。(略)　　　⇒対話

　2005年1月23日、こんな小さなバスの開通を、何だか新幹線開通の
ような気分で皆が祝った。手作りの「くるくるバス開通おめでとう」の
文字がかわいい。人々は、歓喜にむせた。　　　　　　　　　⇒同情

　「これで、この町に孫子の代まで住みつづけれる」

　「この住み慣れた我が家を、終の棲家にできる」　　⇒生活、同情、命

　人々の喜びは、乗降客数を増加させた。当初、マーケティングでは、
平均500人／日と言われた乗降客は、月ごとに上昇し、700、800…。今
や1000人を越える日もある。クルマで移動するより、リラックスして、
皆とお話ししながら買い物に出かけるほうが楽しいと住民は考え出し
た。こうして町を通過するクルマの数がめっきり減り、出歩く高齢者が
増えた。みな、神戸市の「敬老パス（高齢福祉無料交通パス）」が使えな
いくるくるバスにニコニコと乗る。(略)　　　　　　　　⇒発見、生活

　住民は、開通後の2005年6月からは、自治会ごとに代表を出して、く
るくるバスを守る会を運営しだした。「くるくるバス通信」を発行し、全
戸に配布してきた。くるくるバスは、住民の生活の一部になっていた。
昼にお買い物に出た人が、夕方、駅で待つハズバントに呼び出され、久
しぶりに夫婦でほろ酔い気分でバスに乗って帰っていったという噂を聞
いた。そのうち、見かけない人がバスに乗る。どうもお孫さんや親戚がやっ
てくるようになったという。「バス訪問」だと路上駐車を気にしないでよ

い。これも「バスばた会議」での噂話。（略）　　　　　⇒対話、生活、聞く

　（5）大阪市こどもの居場所づくりを内省する

　大阪市は、昭和初期、60年代に近代商工業で栄えたが、近年、産業の
衰退とともに、失業率全国2位、生活保護率全国1位、離婚率全国1位
（2012年総務省調べ）、児童虐待も18歳以下1000人あたり全国平均が4.48
件に対して9.98と第1位である（2014年）。そこで、大阪市こども青少
年局では2016年より「地域における子どもの居場所事業」を実施してい
る。そのうち、筆者が関わった2区の概要（筆者報告、未発表、大阪市
こども青少年局）の一部を紹介し分析する。

　■淀川区　　淀川区は、淀川下流の神崎川、新淀川に囲まれ、大阪駅、
梅田駅から、国鉄、阪急、地下鉄御堂筋線が北に延びた大阪市北辺にあり、
中小工場とその労働者の生活利便施設、十三遊興街の裏手の古い住居地
域が立地する。近年、工場跡に大型マンションが立地するようになった。

　2005年、淀川区が子どもの居場所づくり事業に応募した。それに先立
ち7月、筆者が講演した。10月、筆者が区役所、社協、まちづくりセンター
などとともに、3日間、12の地域活動協議会、NPO、おやこ劇場、こど
も会、こども育成プラザなどを巡り、現場担当にヒアリングした。11月、
その成果をもとに、講演会とワークショップを実施し、子どもの居場所
づくり活動を呼びかけた。冬休み、それに呼応した新東三国小学校に学
生を派遣し、地域、学校、外部の大学連携のモデルを作り、これを、区
長、区役所が現地小学校で見守った。こうしたなか子どもの居場所が地
域問題として意識され、淀川区各地でこども食堂や宿題カフェが10ヶ所
以上、次々と発足した。　　　　　　　　　　　　　⇒現場対話、問い

　2005年、区社協では「子どもの居場所づくり」をテーマとし、10/18に、
多様な活動の報告会を実施することとし筆者がとりまとめることとなっ
た。それに先立ち、7/1三津屋地区（阪急神崎川駅近く）で筆者が講演

した後、通学路安全を議論し、住友不動産マンション700戸によびかけることとした。　　　　　　　　　　　　　　　　　⇒聞く、対話

　地域活動協議会会長によれば「三津屋は町工場など職工の町であり多様な人の出入りが普通で、提案した者が足場などを勝手に組んで祭りなどをしてきた」という。職工の町の伝統がこの柔軟性を支えている。

　　　　　　　　　　　　　　　　　　　　　　　　　　⇒歴史、発見、志

■宗右衛門町風俗紹介所Zさん

　大阪ミナミの都心、道具屋筋看板屋の生まれ、後、日本橋に移動。歓楽街である宗右衛門町を精華小学校への通学路としていた。東京で飲食業を10年してきたが、32歳で実家に戻った。子が日本橋小学校に通いPTA会長となり、地域やPTAのすばらしさを学んだ。そうすると精華小学校が廃校になったことが悔しくなってきた。下でラーメン、上で住居。そんな生活をしたきた親たちが、「ラーメンなんかしんどいだけや」「勉強せい」と言いだし、勉強できた子どもは大阪には戻ってこなかった。親たちはビルを売ったり貸したりしだした。土地が高いからそれだけで働かんでも食べていける。こんな状態だと、一時的に儲ける業態が進出し、地域が荒れた。私は「自分が儲けても、地域を守れんかったらアカンのやないか」と思えてきた。　　　　⇒歴史、発見、公共、ありあり感

　その頃、看板屋をたたみ、義理兄から弁当屋を引き継いだ。ちょうどキャッチセールスが禁止され、暴力団が活動できなくなり、Zが風俗無料紹介所も経営するようになった。こうなると働き手を探さないかん。

　この紹介所に来る若者は、男はやんちゃして刑務所を出てきた者もいる。女は妊娠している娘もいた。「家ない金ない携帯ない、ついでに夢・希望ない」なかで、妊娠した女性も北は青森、南は福岡から流れてきた。今、このビルの7階に、9部屋あり、女性2人、男性6人を保護している。もともと個室ヘルスだったのでシャワー付き個室だ。しかも弁当屋だから食べるものはある。とりあえず、居てもらったが仕事が必要なので、

風俗案内所を5つに増やし、女性は知り合いの怪しくない店を紹介した
が、その先どうなるか心配だった。そこで自分で飲み放題スナック2軒
を経営し、妊婦でも軽く働けるようにした。区役所の支援制度も紹介し
ている。（略）（こうして、子育てできるようにして虐待を防いでいる）。

⇒公共、生活、命、志

4）民俗学的まちづくりなどに対する内省のまとめ

　筆者の都市民俗学から阪神大震災復興まちづくり、住吉台くるくるバ
ス、大阪市子どもの居場所づくりという個人的な経験をふりかえってみ
ると、

①柳田國男の内省に起因し、同情をもって、人々の生活の「意味」を
　発見しようとしてきたことがわかる。

②各地を歩き見て、人々の声を聞き、歴史的時間経験をもとに理解
　し、理解したことをありあり感ある表現をしようとしてきた。阪神
　大震災復興まちづくりでは、筆者は民俗と復興市民の暮らしを類構
　造として生活理解を試みた。

③民俗的知識よりも、徐々に命や公共に価値をみて記述するように
　なった。

④コミュニケーションデザインというよりも、筆者には民俗学的態度
　として、聞く、問う、同情、発見があったと感じている。

　表19（p.216）に以上を整理し、筆者が自己発見した方法に影響を与え
たと思われる研究者名を「理論提案者」として付記した。

5）民俗学的まちづくりの結論

　前節では、まちづくりに対するエピソード記述を、現象学的方法で分
析し、内省と同情、「問う」「聞く」「待つ」「発見」「納得」「公共」「あり
あり感、（力動感）」という評価項目を「仮説」し、さらには「命」や「生

表19　個人的なまちづくり経験と方法

方法 経験	①内省	②歩く、見る、聞く	③人・暮らし・命	④コミュニケーションデザイン
1990- 都市民俗学	内省、故郷			
1995 -2000 阪神大震災復興まちづくり	同情、発見、志	ありあり感	歴史、生活、構造	聞く、問い
2003 -2005 住吉台くるくるバス	同情、発見	ありあり感	歴史、生活、命	聞く、対話
2016 -現在 大阪市子どもの居場所づくり	発見	ありあり感	歴史、公共、生活、命	聞く、問い、対話、
提案者	柳田國男	宮本常一	延藤安弘	鷲田清一
方法	内省、故郷[169]「仮説」推論法、ティンカリング	親しいと思う目、尊いと思う心[170]	「だったらエーなあ」aspiration=志⇒物語「何のために生きるんや」	聞く、問う、待つ臨機応変に動く

活」に関わる記述がより了解性を高めると指摘した。

　今回、自らのまちづくり研究の経験を内省し、内省、同情、聞く、問い、対話、歴史経験、ありあり感ある記述、類構造、発見として理解を試みた。最近の研究では徐々に命、さらには公共に価値をみて理解するようになってきた。

　民俗学的まちづくりの方法は、個々の思いaspirationや生活の内省、集団、地域の内省を共有化する（わかちあう）ものであり、同情や問い、歴史経験の考慮、類構造のみならず、命や公共心を問うことで、より了解性の高い「方法提示」が可能となる。

　本論では、地域の暮らし方、aspirationを定性的に発見する民俗学的まちづくりを「方法提示」し、対話による価値発見のまちづくりを「共創co-creationまちづくり」とよぶことを提案する。民俗学的まちづくりを「仮説」して提案する「共創co-creationまちづくり」は、都市計画専門家が、都市計画的定理に基づく計画事業を、定量的に正当化して地域に押しつけ、一方的に説得する「まちづくり事業」とは真逆であり、多様なセクターによる共創、いわば「まち育て」をめざすものである。

4. 民俗学と現象学

　筆者は、民俗学を基礎として内省的まちづくりを実践してきた。前章は、その民俗学の実践経験を内省し、民俗学的まちづくりとして「仮説」提案した。内省による「仮説」は、発見の文脈として重要であるが、論理的には現象学ともかかわる。本章では、民俗学の核心に現象学が関わるのではないかと考察してみた。

　柳田國男が民俗学を確立するのは 1935 年以降である。教科書ともいえる『郷土生活の研究法』には「出来るだけ大量の正確な事実から帰納によって当然の結論を得、且これを認めることそれが科学である」[171]とある。「民俗学の話」にも「いやしくも、サイエンスと呼ばれようとする限りは、その方法—自然科学が成功してゐる方法によらなければならないのでせう」[172]と述べている。昭和初期、近代自然科学全盛のなかで、当時の歴史学が相手にもしないような生活知を扱う民俗学を、好事家の学ではなく科学として体系化しようという柳田の方法的戦略であったと岩本は指摘する[173]。

　こうしたなか、「此学問で大切なのは実感だ」[174]と主張する折口信夫に対して、柳田國男は実感の強調を戒めている[175]。これは、後日、柳田が折口を破門したともいわれている契機であった。

　その一方で、柳田は「異常の洞察力を具えた折口君等の推断は、往々にして後に的中を証明した」と、逆の評価もしている[176]。さらには出版されなかった 2 つの「民俗学教本案」[177]のためのカードを分析した岩本通弥は、柳田の本旨は実証主義ではなく、「内省（＝同情。心理学の内観 introspection と同義 [岩本、1990、p.125])」「了解 Verstehen」「綜観 Synthesis」であると指摘している[178]。

　ところで、内省（反省）、了解、綜観は、現象学の分析概念と類似している。内省は心理学の内観と同義であり、柳田は「同情」と表現している。

柳田の高弟である千葉徳爾は「（民俗学の）特徴は・・・同情の論理ではなかろうかと考えます。その同情による主体的感覚を客体として考察の対象とする」[179] と評している。

柳田は「私たちのいふ三部の資料、すなわち眼で視、耳で聴き、心で感ずるものが結び合って、始めて人間の情意の作用を諒解し得るのが寧ろ普通である」[180] と、心は諒解（了解と同義）すべきものと述べる。ディルタイが「自然に対してわれわれは説明するが心的生活は理解する」[181] というのも同様であろう。

岩本は、「個別は実証主義による説明科学でよいが、綜合については仮説をたてて理解する科学である」と指摘し、「綜観」は仮説の構成と提示、すなわち「発見の文脈」における方法であるといい、「パターンの知覚」と述べている[182]。岩本のいう「パターン」は現象学的方法である類型（構造）[183] である。

現象学をうちたてたフッサールは間主観的構成について第一段階では自我と他者という位置づけにおき、第二段階では故郷世界と異郷世界との比較においている[184]。森栗が『都市人の発見』[185] で論じた都市民俗学の故郷論は、フッサールの第二段階に関する問題意識とシンクロする。

1920 年頃、フッサールは生の哲学への関心から生活世界 life-world に関心をもった。フッサールは 1925 年、『現象学的心理学』に「すべての思想や精神的活動から生じるその他すべての理念的形成体の最終的基盤は経験世界（生活世界の中に存在する」と述べている。1927 年には『現象学年報』誌上に発表されたフッサールの議論が話題になっていた[186]。同年、同雑誌にハイデッガーの『存在と時間』が掲載された。

その 1925 ～ 27 年、柳田國男は国際連盟の委任統治委員としてフランス語圏のジュネーブに滞在していた。しかし柳田國男の読書日記からはフッサールを確認できない。人類学者マリノフスキーや社会学者デュルケームの影響を指摘する意見はあるが[187]、柳田に現象学に関わる記述は

ない。しかし外国語が堪能で、現象学全盛の同時期にジュネーブに滞在した博識の柳田國男が、生活世界 life-world を構造対比し類型を見出し、一定の「仮説」を提出する現象学に関心を寄せる機会は、少なくなかったと思われる。しかし、読書記録にはない。

昭和初期、科学実証主義を丸呑みした日本では、柳田國男は「機能法、自然科学が成功してゐるサイエンス」として、1934 年に日本民俗学の実証的方法を記述した『民間伝承論』を刊行し、日本民俗学会の起源となった木曜会をはじめた。柳田は現象学的知を、彼の読書カードの奥深くに封印したのではなかろうか。その一方で、柳田國男は、『食物と心臓』などの著書や、戦後、密かに発刊されなかった教科書に「実感」や「内省（同情）」「了解（諒解）」「綜観」という現象学の言葉を、カードから掘り起こしている。柳田國男は、実証主義民俗学とともに内省的民俗学をも、提示していたのである。

前者「自然科学が成功してゐる帰納法による『実験の史学』」を実践したのは、戦後、東京教育大学文学部史学第五講座（史学方法論）を改組し、民俗学を大学に受け入れた東京教育大学文学部長、古代史の和歌森太郎である。これに対して、筑波大学（元東京教育大学）の地理学者として綜観を知りつつ、戦後、柳田のカードによる社会科教科書執筆依頼を受け、これをそっと辞退したのが千葉徳爾であった。結果、民俗学による社会科の目論見は、多くの民俗学者の賛同を得られず、柳田國男は「日本民俗学の退廃を悲しむ」と最後の講演で、か細く言い残して死んだ[188]。

【注】

(1)　苅谷剛彦『階層化日本と教育危機～不平等再生産から意欲格差社会へ』2001年、有信堂、p.211

(2)　オルテガ・イ・ガセット『大衆の反逆』神吉敬三訳、1995年、筑摩書房。羽鳥剛史・小松佳弘・藤井聡「大衆性尺度の構成―"大衆の反逆"に基づく大衆の心的構造分析―」『心理学研究』Vol. 79, No. 5, p.p.423-431

(3)　小林潔司「土木工学における実践的研究：課題と方法」『土木技術者実践論文集』Vol.1、2010年

(4)　松浦正浩『実践！交渉学―いかに合意形成を図るか』筑摩書房、2010年

(5)　足立重和『郡上八幡　伝統を生きる―地域社会の語りとリアリティ』新曜社、2010年、p.p.197-207

(6)　田村哲樹『熟議の理由―民主主義の政治理論』勁草書房、2008年

(7)　国土交通政策研究所「社会資本整備の合意形成円滑化のためのメディエーション導入に関する研究」『国土交通政策研究』第70号、2006年

(8)　土木学会誌編集委員会・編『土木とコミュニケーション』2004年

(9)　土木学会誌編集委員会・編『合意形成論―総論賛成・各論反対のジレンマ』2004年

(10)　中野民夫『ワークショップ―新しい学びと創造の場』2001年、岩波書店

(11)　稲葉一人、家高洋「臨床と対話」『大阪大学21世紀COEプログラム二十一世紀の人文学』2007年、など

(12)　鴻上尚史、佐藤直樹『同調圧力―日本社会はなぜ息苦しいの』講談社、2020年

(13)　阿部謹也『「世間」とは何か』講談社、1995年

(14)　阿部謹也『「世間」とは何か』講談社、1995年、p.p.18-20

(15)　金子郁容、松岡正剛、下河辺淳『ボランタリー経済の誕生:自発する経済とコミュニティ』実業の日本社、1998年、p.p.221-225

(16)　金子郁容、松岡正剛、下河辺淳『ボランタリー経済の誕生:自発する経済とコミュニティ』実業の日本社、1998年、p.p.114-116

(17)　金子郁容、松岡正剛、下河辺淳『ボランタリー経済の誕生:自発する経済とコミュニティ』実業の日本社、1998年、p.118

(18)　金子郁容、松岡正剛、下河辺淳『ボランタリー経済の誕生:自発する経済とコミュニティ』実業の日本社、1998年、p.117

(19)　金子郁容、松岡正剛、下河辺淳『ボランタリー経済の誕生:自発する経済とコミュニティ』実業の日本社、1998年、p.p.225-231

(20)　金子郁容、松岡正剛、下河辺淳『ボランタリー経済の誕生:自発する経済とコミュニ

ティ』実業の日本社、1998年、p.p.232-239

(21) 田中優子『江戸はネットワーク』平凡社、2008年

(22) 宮本常一『宮本常一著作集』15、未来社、1979年、p.154

(23) 宮本常一『宮本常一著作集』15、未来社、1979年、p.245

(24) 宮本常一『宮本常一著作集』15、未来社、1979年、p.p.271-272

(25) 住民活動を市民活動と区別するために、ここでは、高度経済成長期に目立った、住民に限定しない代表性の不透明さが課題として残る社会運動・消費者運動を、市民運動と表現する

(26) 矢嶋宏光分担執筆、土木学会編『土木とコミュニケーション』2004年、p.p.86-87

(27) 山下祐介『地方消滅の罠』筑摩書房、2015年、p.31

(28) 宮本常一『宮本常一著作集』10、未来社、1971年、p.27

(29) 宮本常一『宮本常一著作集』10、未来社、1971年、p.26

(30) 木田元他編『現象学事典』弘文堂、1994年、p.p.299-300

(31) 宮本常一『民俗学の旅』講談、1993年、p.109

(32) 松山巌「「とおとい」と思う眼,「したしい」と感じる眼」『宮本常一が撮った昭和の情景　下巻』毎日新聞社、2009年、p.p.242-253

(33) 岩本通弥「柳田國男の『方法』について」『国立歴史民俗博物館研究報告集』第27巻、1990年

(34) 竹田青嗣「人文科学の本質的展開」小林・西編『人間科学におけるエヴィデンスとは何か』新曜社、2015年、p.p.45-46

(35) 社会を複合体と捉える考え方は、はやくからフランス地理学にあり、衛生や景観を扱った（松田信「地理的複合体概念の展開」『人文地理』23-1、1971年、p.p.74-90）。近年では、環境社会工学が複合体概念を使っている（盛岡通「循環複合体の研究」『土木学会誌』12、1999年、p.p.44-46）。

(36) 竹田青嗣「人文科学の本質的展開」小林・西編『人間科学におけるエヴィデンスとは何か』新曜社、2015年、p.2

(37) 辻田真佐憲「"マスゴミ批判"がこの国にとって"百害あって一利なし"である理由」『現代オンライン』2016/12/19. http://gendai.ismedia.jp/articles/-/50470

(38) 竹田青嗣「人文科学の本質的展開」小林・西編『人間科学におけるエヴィデンスとは何か』新曜社、2015年、p.2

(39) 鯨岡峻『関係の中で人は生きる:「接面」の人間学に向けて』小林・西編『人間科学におけるエヴィデンスとは何か』新曜社、2015年、p.224

(40) 西研「プロローグ」小林・西編『人間科学におけるエヴィデンスとは何か』新曜社、2015年、p.v

(41) デカルト R.『方法序説』岩波書店、1997年

(42) メドウズ・ドネラ H.『成長の限界―ローマ・クラブ「人類の危機」レポート』ダイヤモンド社、1972年

(43) M.フリードマン・R.フリードマン、.西山訳『選択の自由』日本経済新聞社、1983年

(44) 金子郁容、松岡正剛、下河辺淳『ボランタリー経済の誕生』実業の日本社、1998年、p.p.8-12

(45) 間世界（intermonde）とは、我々の住む世界を何かと何かの〈あいだ〉の関係性として捉えようとするメルロ=ポンティの世界観である（清水淳志「メルロ ＝ ポンティにおける世界の諸位相」『慶應義塾大学大学院 社会学研究科紀要』No.66，2008年、p.p.28-29）。

(46) 金子郁容、松岡正剛、下河辺淳『ボランタリー経済の誕生』実業の日本社、1998年、p.p.36-40

(47) 金子郁容、松岡正剛、下河辺淳『ボランタリー経済の誕生』実業の日本社、1998年、p.p.74-77

(48) 山納洋『つながるカフェ』学芸出版、2016年、p.172

(49) 西研「プロローグ」小林・西編『人間科学におけるエヴィデンスとは何か』新曜社、2015年、p.iv

(50) 竹田青嗣『超解読！はじめてのフッサール　現象学の理念』2012年、講談社

(51) 竹田青嗣「人文科学の本質的展開」小林・西編『人間科学におけるエヴィデンスとは何か』新曜社、2015年、p.6

(52) 西研「人間科学と本質観取」小林・西編『人間科学におけるエヴィデンスとは何か』新曜社、2015年、p.130

(53) デカルトR.　野田訳『精神指導の規則』岩波書店、1974年、p.17

(54) ただし、当時の神学の唯心論を打破するため、厳しく数学的明証性を求めていた。

(55) 後述するように、本質という表現は誤解を与えやすい。本論では、本質とは表現せず、比較的近い言葉としてフッサールが語った、構造または一般構造と表現する。引用の場合は、本質（構造）と付記した。

(56) 竹田青嗣「人文科学の本質的展開」小林・西編『人間科学におけるエヴィデンスとは何か』新曜社、2015年、p.12

(57) 竹田青嗣「人文科学の本質的展開」小林・西編『人間科学におけるエヴィデンスとは何か』新曜社、2015年、p.20。これは、現象学的還元（木田他編、1994年、p.p.125-128）ともいえる。

(58) 西研「プロローグ」小林・西編『人間科学におけるエヴィデンスとは何か』新曜社、2015年、p.vi

(59) 木田元他編『現象学事典』弘文堂、1994年、p.p.428-429

(60) 木田元他編『現象学事典』弘文堂、1994年、p.429

(61) 木田元他編『現象学事典』弘文堂、1994年、p.149

(62) フッサール・エドモンド『論理学研究』2 第2版、p.183

(63) 貫成人『経験の構造―フッサール現象学の全体像』勁草書房、2003年、p.215

(64) 竹田青嗣「人文科学の本質的展開」小林・西編『人間科学におけるエヴィデンスとは何か』新曜社、2015年、p.14

(65) 木田元他編『現象学事典』弘文堂、1994年、p.147

(66) 竹田青嗣「人文科学の本質的展開」小林・西編『人間科学におけるエヴィデンスとは何か』新曜社、2015年、p.18

(67) 西研「人間科学と本質観取」小林・西編『人間科学におけるエヴィデンスとは何か』新曜社、2015年、p.130

(68) 会議録のテープ起こし記述では、「要するに」「エー」などの主題でない単語数が最も多いことがある。定量なら発言の主題は「要するに」となる。報告会議事録では、事業実施できなかった担当者ほど、言い訳の発言が長くなる。会議録記述の発言の長さとエビデンスには論理的因果はない。

(69) 竹田青嗣「人文科学の本質的展開」小林・西編『人間科学におけるエヴィデンスとは何か』新曜社、2015年、p.18

(70) 貫成人『経験の構造―フッサール現象学の全体像』勁草書房、2003年、p.171

(71) 山竹伸二「質的研究における現象学の可能性」小林・西編『人間科学におけるエヴィデンスとは何か』新曜社、2015年、p.77。木下康仁『グランデッド・セオリー・アプローチ』弘文堂、1999年、p.81

(72) 鯨岡峻『エピソード記述入門』東京大学出版会、2005年、p.41

(73) 西研「プロローグ」小林・西編『人間科学におけるエヴィデンスとは何か』新曜社、2015年、p.ii

(74) 西研「プロローグ」小林・西編『人間科学におけるエヴィデンスとは何か』新曜社、2015年、p.iii

(75) 鯨岡峻「「接面」からみた人間諸科学」小林・西編『人間科学におけるエヴィデンスとは何か』新曜社、2015年、p.p.216-220

(76) 西研「人間科学と本質観取」小林・西編『人間科学におけるエヴィデンスとは何か』新曜社、2015年、p.180

(77) 西研「プロローグ」小林・西編『人間科学におけるエヴィデンスとは何か』新曜社、2015年、 p.vi

(78) 西研「人間科学と本質観取」小林・西編『人間科学におけるエヴィデンスとは何

か』新曜社、2015年、p.130

(79) 木田元他編『現象学事典』弘文堂、1994年、p.390

(80) 木田元他編『現象学事典』弘文堂、1994年、p.p.227-228

(81) 岩本通弥（1990）．柳田國男の「方法」について—綜観・内省・了解—．国立歴史民俗博物館研究報告、No. 27、p.p.113-135.

(82) 西研「人間科学と本質観取」小林・西編『人間科学におけるエヴィデンスとは何か』新曜社、2015年、p.164

(83) 西研「プロローグ」小林・西編『人間科学におけるエヴィデンスとは何か』新曜社、2015年、p.v

(84) 山竹伸二『質的研究における現象学の可能性』小林・西編『人間科学におけるエヴィデンスとは何か』新曜社、2015年、p.101

(85) Leibhaftigkeit と表記される。

(86) 西研「人間科学と本質観取」小林・西編『人間科学におけるエヴィデンスとは何か』新曜社、2015年、p.138

(87) 西研『哲学的思考—フッサール現象学の核心』筑摩書房、2005年。西研「人間科学と本質観取」小林・西編『人間科学におけるエヴィデンスとは何か』新曜社、p.131。

(88) 西研「人間科学と本質観取」小林・西編『人間科学におけるエヴィデンスとは何か』新曜社、p.p.138-139

(89) 岡本達明・松崎次夫『聞書　水俣民衆史』第1巻明治の村、草風社、1997年（初版は1990年）

(90) 石牟礼道子「天の魚」『石牟礼道子全集・不知火』第3巻、藤原書店、2004年（初版は1969年）

(91) 池澤夏樹「解説」『石牟礼道子全集・不知火』第2巻、藤原書店、2004年、p.614

(92) 市史等文献上は「船津」である。

(93) 岡本達明・松崎次夫『聞書　水俣民衆史』第1巻明治の村、草風社、1997年、p.200

(94) 熊本県における水俣病認定患者分布図（熊本県作成、H8.12.26 処分現在）によれば、認定患者 1774 名のうち、2番目に多いのがエピソードBの坪谷が所属する月浦地区178 名である。水俣市内各地 39 地区では排出口のあった百間が50名と市内では2番目に多いが、八幡（船津）は4番目に多い。

(95) 加藤久子『海の狩人　沖縄漁民—糸満ウミンチュの歴史と生活誌—』現代書館、2012年。立平進「海を旅する人たち—沖縄・糸満漁師の軌跡—」『長崎国際大学論叢』No.2、2002年、p.p.91-99.

(96) 【　】内は、筆者の内省、考察である。［　］内は客観的分析である。以下、同様。

(97) 森栗茂一「伝播技術独占の結果としての伝承」『日本民俗学』No.154、1983年、p.p.91-105

(98) 江戸時代、琉球王国は薩摩藩の支配を受け、それを正当化するため日琉同祖が喧伝された。

(99) 森栗茂一「南西諸島鍛冶職の伝播と定着」『季刊人類学』15-3、1984年、p.104

(100) 森栗茂一『夜這いと近代買春』明石書店、1995年、p.p.130-131

(101) 原典には個人名が掲載されているが、不必要に個人名を掲載するのを避けるため、ここでは伏字とした。

(102) 石牟礼道子『石牟礼道子全集・不知火』第2巻、藤原書店、p.p.60-61

(103) 石牟礼道子『石牟礼道子全集・不知火』第2巻、藤原書店、p.p.65-66

(104) 石牟礼道子『石牟礼道子全集・不知火』第2巻、藤原書店、p.73

(105) 石牟礼道子『石牟礼道子全集・不知火』第3巻、藤原書店、p.437

(106) ［人権上問題のある発言であるが、資料としてとりあげる］「奇病ちゃ漁師もんが多かったい（奇病といえば漁師 が多い）。大体漁師ち言えばなぐれ（流れ）で、よそもんやろが！（大体漁師といえばなぐれでよそ者だろ！）」「湯堂、茂堂、月浦、丸島、舟津、みんな貧乏人のなぐれの漁師風情でしょっか。あっだどもは（あいつらは）、弱った魚をどしこ（たくさん）食べて奇病になりよった、これは事実ですじゃ」（大塚勝海「水俣における地域経済再生への取り組み」http://kgi. tokyo. jp/fur/ootuka.html、初出出典不明）

(107) 戦後の窒素工場の再開を指揮した橋本彦七元工場長 は、戦後第一回の市長となり4期、市長をつとめた。

(108) 石牟礼道子『石牟礼道子全集・不知火』第3巻、藤原書店、p.474

(109) 石牟礼道子『石牟礼道子全集・不知火』第3巻、藤原書店、p.475

(110) 石牟礼道子『石牟礼道子全集・不知火』第3巻、藤原書店、p.p.477-478

(111) 石牟礼道子『石牟礼道子全集・不知火』第3巻、藤原書店、p.159

(112) 後藤孝典ブログ「ドキュメント水俣病事件 1873－1995」、2013年。現在、後藤孝典『ドキュメント「水俣病事件」沈黙と爆発』集英社、1995年、p.p.57-63。地名としては坪谷ではなく、水俣市月浦に坪段漁港がある。

(113) 森栗茂一『河原町の歴史と都市民俗学』明石書店、2003年

(114) 大きな仮説提示が目的であるが、仮説を目的にするという表現は、誤解を受けやすいので避けた。

(115) 大きな仮説提示が目的であるが、誤解を受けやすいので、方法提示と表現した。

(116) 菅野盾樹『示しの記号－再帰的構造と機能の存在論のために』青弓社、2015年、p.108

(117) 「日本の民俗学が他の隣接科学と異なる方法といいうる特徴は、調査される人びと
の信仰や感覚に、調査する自己のそれを同調させて共感する、先生（柳田國男）の
いわゆる"同情"の論理ではなかろうかと考えます。その同情による主観的感覚を
客体として考察の対象とする」と述べられている（千葉徳爾『民俗学のこころ』弘
文堂、1978年、p.146）

(118) 論理実証による科学的方法論は方法的正当化という課題を生じ、ポパーの反証可
能性による仮説吟味が哲学的立場として形成された。仮説は仮説として反証され
るためにあるとされた（永井均他編『事典哲学の木』講談社、2002年、p.156）。

(119) 菅野は乳児が鳩を指さして、「ポッポ」と最初に発話する場合の知覚を推論し、幼
児が鳩の一般定理を前提として、眼前の個別的なるものを「ポッポ」と呼ぶ演繹
法を使ったわけではない。幼児が個別の鳩を多数観察し、眼前の個別的なるもの
を「ポッポ」と呼ぶ帰納法を使ったわけではない。とし、③多様な鳩を見た経験を
アブダクション(遡及推論)した結果、眼前の個別的なるものを「ポッポ」と仮設
した。と、3つの可能性を示し、現実には通常の幼児が鳩の定義を持つはずがなく、
また、幼児が多様な鳩を観察し類推するわけがなく、幼児の経験からの遡及推論以
外にありえない、と述べている（菅野盾樹『示しの記号—再帰的構造と機能の存在
論のために—』産業図書、2015年、p.100）。理念化とはこのような作業であり、そ
れは「仮設構成」と共通の基本構造を有している（菅野盾樹『示しの記号—再帰的
構造と機能の存在論のために—』産業図書、2015年、p.108）。

(120) 倉阪秀史『政策・合意形成入門』勁草書房、2012、p.p.27-29

(121) 舩橋晴俊・壽福眞美編『公共圏と熟議民主主義』法政大学出版局、2013年、p.97

(122) サンドラ・M. ナトリー, イザベル・ウォルター, ヒュー・T.O. デイヴィス 著, 惣脇
宏他翻訳『研究活用の政策学』明石書店、2015年、p.p.223-224

(123) 川端祐一郎・藤井聡「コミュニケーション形式としての物語に関する研究の系譜と
公共政策におけるその活用可能性」『土木学会論文集 D3（土木計画学）』Vol.70
No.5

(124) 菅豊『公共民俗学の可能性民俗学の可能性を拓く』青弓社、2012年

(125) 森栗茂一・板倉信一郎「忘れられた衆議—日本の 合意形成のこれまでとこれから
—」『第51回土木計画学 研究・講演集』2015年

(126) 木田元他編『現象学事典』弘文堂、p.p.299-300

(127) 森栗茂一「オールドニュータウンの持続を担保するくるくるバス活動の位置づけに
ついて」『実践政策学』Vol. 2、2016年

(128) 竹田青嗣「人文科学の本質的展開」小林・西編『人間科学におけるエヴィデンスと
は何か』新曜社、2015年、p.p.6-7

(129) 西研「人間科学と本質観取」小林・西編『人間科学におけるエヴィデンスとは何か』新曜社、p.p.128-130

(130) 米盛裕二『アブダクション』勁草書房、2007年、p.145

(131) 米盛裕二『アブダクション』勁草書房、2007年、p.p.146-153

(132) 米盛裕二『アブダクション』勁草書房、2007年、P.130

(133) 米盛裕二『アブダクション』勁草書房、2007年、p.160

(134) 米盛裕二『アブダクション』勁草書房、2007年、p.p.181-182

(135) 米盛裕二『アブダクション』勁草書房、2007年、p.130

(136) 米盛裕二『アブダクション』勁草書房、2007年、p.iv

(137) 米盛裕二『アブダクション』勁草書房、2007年、p.v

(138) 米盛裕二『アブダクション』勁草書房、2007年、p.8

(139) 米盛裕二『アブダクション』勁草書房、2007年、p.43

(140) 米盛裕二『アブダクション』勁草書房、2007年、p.p.92-110

(141) ポパー K. R.　藤本・石垣・森訳『推理と反駁』法政大学出版会、1980年

(142) ウリクト　G. H.　丸山・木岡訳『説明と理解』産業図書、1984年、p.6

(143) 米盛裕二『アブダクション』勁草書房、2007年、p58

(144) 米盛裕二『アブダクション』勁草書房、2007年、p61

(145) 米盛裕二『アブダクション』勁草書房、2007年、p.p.53-54

(146) 米盛裕二『アブダクション』勁草書房、2007年、p.87

(147) 貫成人『経験の構造―フッサール現象学の全体像』勁草書房、2003年、p.227

(148) 米盛裕二『アブダクション』勁草書房、2007年、p.p.65-68

(149) 米盛裕二『アブダクション』勁草書房、2007年、p124

(150) 米盛裕二『アブダクション』勁草書房、2007年、p.p.71-72

(151) 人文科学では、間主観において厳密な共通認識は成立しないが、共通構造を取り出すことはできる（竹田青嗣「人文科学の本質的展開」小林・西編『人間科学におけるエヴィデンスとは何か』新曜社、2015年、p.14）という意見がある。反省は現象学における本質的な方法の一つ（木田元他編『現象学事典』弘文堂、1994年、p.390）であり、現象学的分析は自分の経験を「反省」することによってなされ、「間主観性（相互主観性）のなかにある」反復的同一化綜合として、構造を発見する（木田元他編『現象学事典』弘文堂、1994年、p.p.227-228）なかで、より了解性を高めることができるとした。ポパーにいたっては、確実なことは一切存在しないとし、仮説が反証可能性を持つことこそが存在の意味であるとした。

(152) 米盛裕二『アブダクション』勁草書房、2007年、p.43

(153) 木田元他編『現象学事典』弘文堂、p.p.259-262

(154) 米盛裕二『アブダクション』勁草書房、2007年、p.237

(155) 米盛裕二『アブダクション』勁草書房、2007年、p.241

(156) 米盛裕二『アブダクション』勁草書房、2007年、p.242

(157) 木田元他編『現象学事典』弘文堂、1994年、p.p.29-31

(158) 米盛裕二『アブダクション』勁草書房、2007年、p.p.246-247

(159) 木田元他編『現象学事典』弘文堂、p.259

(160) 中原淳・金井壽宏『リフレクティブマネジャー』光文社、2009年

(161) 延藤安広は、共同居住としてのまちづくりにおいて、「何をめざして生きるんや」（延藤、2001）、「こんなまちに住みたいなナ」（延藤、2015）と、住民の志（aspiration）を問い続けてきた。筆者も阪神大震災の活動をまとめた記録誌（自家版）を「こころざし」と命名した。阪神大震災において、ともに居住復興を求めて活動した延藤の影響であろう。

(162) フッサールは、類型typusと述べている。類的構造を探し出すという意味で、ここでは構造と表記する（木田元他編『現象学事典』弘文堂、1994年、p.p.468-469）。（貫成人『経験の構造―フッサール現象学の全体像』勁草書房、2003年）。

(163) 小池淳一「都市民俗学はどこへいったのか」『国立歴史民俗博物館研究報告』Vol. 199. 2015年

(164) 森栗茂一編著『都市人の発見』木耳社、1993年

(165) 森栗茂一「ルネッサンスのために　長田人の発見」『神戸新聞』1995/4/18

(166) 森栗茂一『幸福の都市はありますか―震災神戸と都市民俗学―』鹿砦社、1998年。森栗茂一・島田誠『神戸―震災を越えてきた街ガイド―』岩波書店、2004年

(167) 森栗茂一「随想：長屋の復興」『神戸新聞』（夕刊）1999/1/22、森栗茂一「随想―河原の市場の再建―」『神戸新聞』（夕刊）1999/3/25.

(168) 森栗茂一「マイバスが走る「幸せの町」―神戸市　住吉台くるくるバスのその後―」『月刊福祉』8月号、2006年

(169) 森栗茂一編『都市人の発見』木耳社、1993年、など

(170) 「まち育て」は、「国土交通省エリアマネジメントガイドライン」（国土交通省、2017年）がめざす概念でもある。

(171) 柳田國男「郷土生活の研究法」『定本柳田國男』25巻、1935、p.325

(172) 柳田國男「民俗学のはなし」『定本柳田國男』24巻、1935、p.498

(173) 岩本通彌「柳田國男の「方法」について―綜観・内省・了解―」『国立歴史民俗博物館研究報告』No. 27、1990年、p117

(174) 折口信夫「民俗研究の意義」1935年（『折口信夫全集』16巻、1976年、中公文庫、p.504）

(175) 柳田國男「折口信夫追悼」『国学院雑誌』55巻1号、1954年

(176) 柳田國男「食物と心臓」『定本柳田國男』14巻、1932年、p.229

(177) 柳田為正・千葉徳爾・藤井隆至編『柳田國男談話稿』法政大学出版会、1987年、
　　　p.p.229-231

(178) 岩本通彌「柳田國男の「方法」について―綜観・内省・了解―」『国立歴史民俗博物
　　　館研究報告』　No. 27、1990年。

(179) 千葉徳爾『民俗学のこころ』弘文堂、1978年、p.146

(180) 柳田國男『定本柳田國男』第14巻、1932年、p.227

(181) ディルタイ　W.　久野昭訳『解釈学の成立』以文社、1973年

(182) 岩本通彌「柳田國男の「方法」について―綜観・内省・了解―」『国立歴史民俗博物
　　　館研究報告』　No. 27、1990年、p.122

(183) 木田元他編『現象学事典』弘文堂、1994年、p.p.468-469

(184) 木田元他編『現象学事典』弘文堂、1994年、p.153

(185) 森栗茂一編著『都市人の発見』木耳社、1993年

(186) 木田元他編『現象学事典』弘文堂、1994年、p.p.259-262

(187) 川田稔「柳田國男と日本の将来」『柳田國男・ジュネーブ以後』三一書房、1996年

(188) 大塚英志『殺生と戦争の民俗学―柳田國男と千葉　徳爾―』角川書店、2017年、
　　　p.16

　「夢を叶えたい」「成功したい」「失敗したくない」と願うのは当然の心理だろう。だから人は努力する。しかしその一方で、成功が怖いという心理が働くこともご存じだろうか。アメリカの心理学者マティナ・S・ホナーは、「人間には無意識に成功を回避する心理がある」と提唱した。成功を求めることをネガティブに捉えてしまうという「成功恐怖理論」である。「成功が怖い」とはいったいどういうことなのか。成功には必ず失敗やリスクがついて回ると考え、無意識のうちに成功することを恐れてしまう…（斎藤、2017）。つまり、成功へ至るまでに起こるストレスを回避する心理が強く働き、結果的に成功から遠のいてしまう。人は誰でもこの傾向を持っているということを認識しておくことが重要だ。とはいえ、あまりにもリスクが高い、コスパに見合わない、となると「やらない」ことを選択することは合理的な判断だとも言える。

　学生を見ていると、挑戦するために壁を乗り越えようとする人と、やらずに踵を返す人とに分かれる。コロナ禍の環境のせいもあるだろうが、傍から見ていると「もったいないな」「できるだろうに」と感じるほうが多い。かりに上手くいかなかったとしても、その失敗や後悔は無駄どころか、新たな収穫が得られるチャンスであることは言うまでもない。しかし、これからの予測しがたい長い人生を想像するにあたってネガティブな想像がたくましく働いてしまうのは当然だろう。そんなときこそ、成功を強く自覚してほしい。失敗やリスクが伴うことを意識したうえで、「それでも自分は成功（成長）する」とポジティブな言葉で断言してみよう。心理学ではこれを「自己成就予言」と呼ぶ。夢がかなうと信じている人は、そのための努力を惜しまない。自分のポテンシャルを最大限に発揮するので夢がかなう確率は高くなる。

　挑戦の機会というものは、ある日突然目の前に降りてきたりする。そんなとき、自分は「挑戦しない心理」とどう折り合いをつけるのか、じっくり向き合って欲しい。「機会にためらえばこれを失う」。自分の人生は自分でデザインできるはずである。

　斎藤勇 (2017). ゼロからはじめる！心理学見るだけノート　宝島社

　本書は学生が挑戦するための、方法演習の参考書である。論理的読み書き、対話、物語づくりの技術は、価値多様な社会で生きるのに役立つ。本書の一部でも心して、挑戦して欲しい。（森栗茂一）

【著者略歴】森栗　茂一（もりくり　しげかず）

　1954 年神戸市生まれ、博士（文学）、大阪教育大学大学院修了。高校教員、国立歴史民俗学博物館客員助教授、大阪外国語大学教授、大阪大学コミュニケーションデザイン・センター教授を経て、神戸学院大学人文学部教授、大阪大学招へい教授。

　著書に『河原町の歴史と都市民俗学』『地蔵・長屋の歴史民俗学』『神戸─震災を超えてきた街ガイド』『夜這いと近代買春』『コミュニティ交通のつくり方』など。

探究演習教授法　読み書き・対話・物語

発行日　2023年4月1日
著　者　森栗　茂一©
装　丁　二宮　光©
発行人　中村　恵
発　行　神戸学院大学出版会

印刷所　モリモト印刷株式会社

発　売　**株式会社エピック**
　　　　651 - 0093　神戸市中央区二宮町1 - 3 - 2
　　　　電話 078 (241) 7561　　FAX 078 (241) 1918
　　　　https://epic.jp　　E-mail: info@epic.jp

©2023 Shigekazu Morikuri　Printed in Japan
ISBN 978-4-89985-228-5　C3037